GW00703337

IL
Londra

Sarah Johnstone

EDT

Il meglio di Londra
2ª edizione italiana – novembre 2004
Tradotto dall'edizione originale inglese:
Best of London (3rd edition, September 2004)

Pubblicato da EDT srl
su autorizzazione di Lonely Planet Publications Pty Ltd
ABN 36 005 607 983

Uffici Lonely Planet e EDT

Lonely Planet Publications (sede):
 Locked Bag 1, Footscray, Vic 3011
 ☎ 03 8379 8000 fax 03 8379 8111
 ▯ talk2us@lonelyplanet.com.au
 (altri uffici in Francia, Gran Bretagna, USA)

EDT srl:
 19 via Alfieri, 10121 Torino, Italia
 ☎ 39 011 5591 811 fax 39 011 2307 035
 ▯ edt@edt.it www.edt.it

Edizione italiana a cura di Cesare Dapino
Coordinamento editoriale di Luisella Arzani
Traduzione di Paola Martina

Impaginazione David Kemp e Tiziana Vigna **Editor** Laura
Pellegrin **Cartine** Jolyon Philcox **Rielaborazione di** Anna
Dellacà **Copertina** Annika Roojun **Rielaborazione di** Anna
Dellacà **Coordinamento** Sara Fiorillo **Ringraziamenti a**
Adriana Mammarella, Fiona Siseman, Stephanie Pearson,
Melanie Dankel, Piotr Czajkowsk

Fotografie Tutte le fotografie di questa guida sono state
fornite da Lonely Planet Images e da Neil Setchfield eccetto
le seguenti: p64, p65, p66, p68, p70, p71, p72, p74, p76,
p77, p83, p86, p89, p98, p99, p101, p102 di Jonathan
Smith; p5 di Martin Moos; p16, p26, p27 di Charlotte
Hindle; p23 di Manfred Gottschalk; p33, p90 di Simon
Bracken; p42, p47 di David Tomlinson; p44 di Richard
l'Anson; p46 di Bryn Thomas; p48 di Guy Moberly; p50
di Chris Mellor.

In copertina Il Tower Bridge, foto di Manfred Gottschalk/
Lonely Planet Images ▯ www.lonelyplanetimages.com

ISBN 88-7063-747-6

© Testo e cartine: Lonely Planet 2004
© Fotografie: fotografi indicati 2004
© Edizione italiana: Lonely Planet 2004

Stampato da Pozzo Gros Monti, A.G.G. Printing Stars S.r.l.,
Moncalieri (TO), Italia
Tutti i diritti sono riservati. La riproduzione, anche
parziale e con qualsiasi mezzo, non è consentita senza
la preventiva autorizzazione scritta dell'editore.

Lonely Planet e il logo di Lonely Planet sono marchi di
Lonely Planet e sono registrati presso l'Ufficio Brevetti
e Marchi negli Stati Uniti e in altri paesi.

Lonely Planet non permette che alcun esercizio commerciale (vendite al dettaglio, ristoranti e alberghi) utilizzi
il suo nome e il suo logo. Per eventuali segnalazioni:
 ▯ www.lonelyplanet.com/ip

COME UTILIZZARE QUESTA GUIDA

Uso dei colori e cartine

Ogni capitolo è contraddistinto da un differente
colore, che viene ripreso nelle cartine per un più
immediato rimando.

Le cartine pieghevoli a inizio e a fine volume
sono numerate da 1 a 6. Ogni luogo menzionato
nel testo ha un rinvio che ne consente la
localizzazione nella cartina: (3, A4) significa che
occorre consultare la cart. 3, coordinate A4.

Costi

I prezzi doppi (£7,50/5) stanno a indicare le tariffe
d'ingresso intere/ridotte; quelle ridotte possono
includere gli sconti per anziani/studenti. Le fasce
di prezzo di ristoranti e alberghi sono elencate
all'inizio dei capitoli Pasti e Pernottamento.

Simboli

☎	numero telefonico
▯	web - email
✉	indirizzo
£	prezzo/tariffa d'ingresso
☺	orari di apertura
ⓘ	informazioni turistiche
⛌	fermata bus
⚓	molo traghetti
⚑	stazione treno/DLR
⊖	stazione metro
♿	accesso disabili
✕	pasti in zona o dintorni
⚲	adatto ai bambini
Ⓥ	menu vegetariano

Sommario

Questa guida

AUTORE

Sarah Johnstone

La giornalista australiana Sarah Johnstone arrivò a Londra con l'intenzione di fermarsi un anno, ma 13 anni dopo è ancora lì. Ha lavorato per Reuters, Business Traveller e diverse altre riviste, ed essendo stata una studentessa squattrinata della London School of Economics, ha imparato a conoscere i diversi volti della capitale inglese. Il fatto di lavorare a questa guida e alla city guide *London* della Lonely Planet le ha consentito di vedere con occhi nuovi le fantastiche attrattive culturali di questa vivacissima città. Esplorando Londra e frequentando ristoranti assai migliori di quanto avrebbe mai osato sperare, Sarah si è resa conto di quanto la città sia cambiata in meglio negli ultimi anni. Se solo si potesse fare qualcosa anche per la metropolitana...

Grazie a tutti coloro che mi hanno accompagnata nell'esplorazione di una città che credevo già di conoscere, ma soprattutto a Max, Inkeri, Richard e Jazmin, e anche agli sconosciuti impiegati di uffici stampa e biglietterie che hanno collaborato alle mie ricerche. Devo a Fiona Christie della Lonely Planet lo slancio iniziale, che Adrienne Costanzo e Charles Rawlings-Way mi hanno aiutato a mantenere. Un apprezzamento per il suo aiuto va anche a Briony Grogan, del settore pubblicità, e a Martin Hughes e Tom Masters, miei coautori della city guide *London*. Infine, una nota triste: dedico questa guida a mio padre Tony, scomparso (senza rivedere la sua nativa Inghilterra) mentre ero impegnata nella stesura di queste pagine.

La prima e la seconda edizione di questa guida sono state scritte da Steve Fallon.

FOTOGRAFO

Neil Setchfield

Negli ultimi quindici anni il gallese Neil Setchfield ha lavorato a tempo pieno come fotografo di viaggio e le sue fotografie sono state pubblicate su oltre 100 giornali e riviste di tutto il mondo, nonché su libri di cucina e guide di viaggio.

SCRIVETECI!

Le notizie che riceviamo dai viaggiatori sono per noi molto importanti e ci aiutano a rendere migliori le nostre guide. Ogni suggerimento (positivo o negativo) viene letto e valutato dalla Redazione e comunicato agli autori Lonely Planet. Chi ci scrive vedrà pubblicato il proprio nome tra i ringraziamenti della successiva edizione della guida, e gli autori dei contributi più utili e originali riceveranno un piccolo omaggio. Estratti delle lettere vengono pubblicati sul sito www.edt.it o sulla newsletter *Il Mappamondo*, che informa i nostri lettori grazie anche al passaparola. Per essere aggiornati sulle novità Lonely Planet e sui suggerimenti della comunità dei viaggiatori italiani visitate periodicamente il nostro sito 🖳 **www.edt.it**.

EDT, via Alfieri 19, 10121 Torino - fax 011 2307 034 - email lettere@edt.it

N.B. Se desiderate che le vostre informazioni restino esclusivamente in Redazione e che il vostro nome non venga citato tra i ringraziamenti ricordate di comunicarcelo.

In breve

Benvenuti nella città preferita dai visitatori di ogni angolo del globo. E se anche i guru dello stile sentenzieranno altrimenti, tra tutte le città del mondo la capitale inglese resta quella che vanta il successo più duraturo.

Sede del Big Ben, del British Museum, dei Kew Gardens, della National Gallery, di St Paul's Cathedral, della Tower of London e di Westminster Abbey, Londra non ha mai avuto bisogno di lodi e di conferme ufficiali, e ogni anno si riconferma la prima per numero di visitatori.

Come altre capitali, anche Londra ha vissuto alti e bassi, ma di recente la città appare rifiorita. I progetti avviati per festeggiare il millennio, come la Tate Modern, il London Eye e il Millennium Bridge (già una volta dichiarato pericolante), hanno ridisegnato il panorama della sponda meridionale del Tamigi. Londra ha così abbracciato d'un tratto la più audace architettura moderna, come potrete vedere dalla Swiss Re Tower a forma di cetriolo e dal progetto della torre di vetro del London Bridge, e – grazie alla risistemazione di Trafalgar Square e della sponda sud del Tamigi – ha iniziato a riscoprire gli spazi pubblici.

Oltre ai raffinati alberghi a prezzi modici sorti un po' ovunque, una nuova generazione di ristoranti propone ai londinesi pasti finalmente degni degli standard internazionali. I cartelloni dei teatri londinesi, inoltre, sono talmente eccezionali che le star di Hollywood fanno a gara per esibirsi con cachet minimi, senza parlare delle discoteche, sempre molto animate.

Sebbene tollerante e multiculturale, Londra può rivelarsi anche brusca, impersonale e caotica. Nel vistoso edificio della City Hall dalle pareti di vetro, il sindaco lavora con impegno per risolvere i decennali problemi della capitale: il decrepito sistema dei trasporti, la sporcizia delle strade, le disuguaglianze sociali… cercando di vincere la sfida posta dalle Olimpiadi del 2012. In ogni caso, già solo il fatto di avere nuovamente un sindaco (v. p105) ha ridato vigore all'ottimismo dei cittadini e rilanciato Londra sulla cresta dell'onda.

Dov'è sempre stata, del resto.

Suggestiva scultura all'esterno del British Museum

Orientamento

Chiunque abbia detto che Londra è un insieme di villaggi ne ha colto la vera identità, perché la capitale inglese è, e sempre sarà, un patchwork di quartieri tutti diversi l'uno dall'altro. E sebbene molti londinesi debbano spostarsi in città per motivi di lavoro, tendono comunque a socializzare, fare acquisti, frequentare gli amici e divertirsi nelle zone in cui abitano.

IL CENTRO

Il cosiddetto **West End** è il cuore di Londra, ma per molti aspetti rappresenta ciò che la gente non ama di questa città. La principale via della zona, Oxford St, è trafficata come ogni arteria centrale che si rispetti, perciò le viuzze piene di ristoranti di **Soho** e quelle della mecca delle boutique, **Covent Garden**, sono molto più piacevoli da esplorare.

A nord di Oxford St si trovano la roccaforte dei produttori televisivi, **Fitzrovia** ('Noho'), e la zona letteraria di **Bloomsbury**, e a sud-ovest i ricchi quartieri di **Mayfair** e **St James's**, che vantano gli alberghi più lussuosi della capitale. **Westminster**, ancora più a sud, è sede del governo, mentre **Marylebone** e **Edgware Road**, a nord di Oxford St, sono stati soprannominati 'Little Beirut' per la preponderanza di ristoranti e caffè libanesi e mediorientali.

> ### Mete insolite
>
> In questa popolosa città è sempre possibile evitare le grandi folle. Ecco qualche chicca poco nota persino a molti londinesi:
>
> - Chelsea Physic Garden (p36)
> - City Farms (p41)
> - Dennis Severs' House (p39)
> - Dulwich Picture Gallery (p32)
> - Eltham Palace (p38)
> - Geffrye Museum (p30)
> - Old Operating Theatre (p39)
> - Wallace Collection (p33)

L'Old Operating Theatre Museum

L'OVEST

La parte settentrionale di Londra (v. sotto) vanta una solida fama intellettuale e letteraria, mentre quella a ovest appare decisamente più modaiola. Nella zona che va da **South Kensington** a Notting Hill abitano le star più importanti, da Madonna e Hugh Grant, e vi si incontrano le donne più eleganti dell'intera capitale.

Ovviamente, è la parte interna del quartiere quella più sfarzosa: ricconi, nobili e i fantasmi dei ragazzi bene degli anni '80 si aggirano ancora per **Chelsea** e **Knightsbridge**.

Notting Hill non è allo stesso livello ma, un tempo abitato dalla comunità operaia afro-caraibica, negli ultimi anni è diventato un quartiere di lusso e il suo chic bohémien richiama numerosi 'trustafarian' (rastafariani con fondo fiduciario, ovvero giovani privilegiati che ostentano un comportamento da ragazzi di strada). **Bayswater** e **Westbourne Grove** sono vagamente simili a Notting Hill.

IL NORD

Per alcuni *tabloid* britannici, il nome **Hampstead** è sinonimo della classe di intellettuali *liberal*, mentre **Islington**, quartiere della classe media, rimanda al progetto dei 'nuovi laburisti' di Tony Blair (che viveva qui con la famiglia prima di trasferirsi al celebre n. 10 di Downing St).

La vicinanza di Hampstead alla brughiera lo ha reso una delle zone più piacevoli e costose di Londra, insieme all'altrettanto verde ed esclusivo **Highgate**. La Upper St di Islington, sulla quale un tempo si affacciavano bar piacevoli, è ormai quasi completamente invasa dai pub delle catene di ristorazione e non vi restano che poche gemme, come **Stoke Newington**, a nord.

Camden, con il suo celebre mercato, può essere definita la Oxford St del nord ma con personaggi più alternativi, mentre la vicina **Primrose Hill**, grazie ai giovani modaioli e alle star cinematografiche, è decisamente più pretenziosa.

L'EST

Buona parte della zona orientale di Londra, abitata dalla classe lavoratrice, è rifiorita nell'ultimo decennio. All'inizio degli anni '90 i primi artisti squattrinati presero dimora a **Hoxton** e **Shoreditch** alla ricerca di uno stile di vita non dispendioso, e cinque anni dopo i professionisti di successo impiegati nella vicina **City of London** (detta anche 'Square Mile', ovvero il cuore finanziario di Londra) si accorsero dell'esistenza di questo quartiere. Oggi Hoxton e Shoreditch vantano ancora i migliori bar e discoteche della capitale, ma molti degli artisti che vi arrivarono per primi si sono ora trasferiti a est, in **Hackney**.

Clerkenwell e **Farringdon**, sede del quotidiano *Guardian* e di altri media, si sono anch'essi rinnovati grazie agli architetti e agli altri studi creativi che vi si sono trasferiti.

Su **Brick Lane** si affacciano molti locali che preparano curry, ma oggi tale ostentazione multietnica appare un po' turistica, e al confronto **Whitechapel** risulta più autentica.

Costruito negli anni '80, il quartiere finanziario dei **Docklands** è un mondo a sé: potremmo definirlo un parco a tema capitalista che merita una visita soltanto per il fatto di essere così surreale.

IL SUD

La parte 'Sarf' (sud) di Londra non gode di una buona fama. L'idea che sia meno interessante di altre zone è stata diffusa, manco a dirlo, dai londinesi del nord, ma non corrisponde a verità.

Clapham, con i suoi bar-ristoranti alla moda, è da tempo il vessillo dello stile della Londra meridionale, mentre la pittoresca **Brixton**, centro dell'immigrazione caraibica dopo la seconda guerra mondiale, si sta trasformando in un quartiere residenziale.

Ma la più grande rivelazione di tutta Londra è probabilmente il recente riassetto della **South Bank**, la sponda meridionale del Tamigi, che grazie all'apertura della Tate Modern, della Millennium Wheel, della Saatchi Gallery, alla ricostruzione del Globe Theatre, all'Oxo Tower e ad altri ristoranti, è diventata uno dei quartieri più interessanti.

Il popolare mercato di Camden

Itinerari

Potreste trascorrere anni interi a Londra senza riuscire a vedere tutto ciò che offre. Per fortuna, la maggior parte delle sue attrattive turistiche si trova nelle zone di Westminster, South Bank, West End, Bloomsbury e nella City. Musei, palazzi, giardini e gli altri edifici e monumenti qui citati sono tutte mete da non perdere, inclusi alcuni dei nostri angoli preferiti di Londra.

Alcuni monumenti (come la Tower of London e il British Museum) sono molto affollati, specie in estate, e per evitare lunghe code è opportuno visitarli al mattino presto o nel tardo pomeriggio, acquistando in anticipo i biglietti presso i centri di informazioni turistiche (TIC) o in alcune stazioni della metropolitana. Avendo poco tempo a disposizione, questa è la soluzione migliore.

PRIMO GIORNO

Visitate Westminster Abbey, date un'occhiata al Big Ben e alle Houses of Parliament, e poi attraversate il Westminster Bridge fino al London Eye (prenotate il giro). Passeggiate lungo la South Bank, oltrepassate la Saatchi Gallery, la Royal Festival Hall e l'Hayward Gallery e raggiungete la Tate Modern. Attraversate poi il Millennium Bridge per giungere alla St Paul's Cathedral; lungo il fiume, fermatevi ad ammirare il magnifico panorama. Di sera qui si tengono rappresentazioni teatrali o spettacoli di danza.

SECONDO GIORNO

Iniziate da Trafalgar Square e visitate la National Gallery o la National Portrait Gallery, poi dirigetevi al Covent Garden per un'occhiata alle vetrine (meglio nelle vie laterali). Fermatevi per una birra al pub Salisbury di St Martin's Lane, e poi visitate la Photographers' Gallery o il British Museum. Potrete trascorrere la serata in uno dei bar di Hoxton e Shoreditch.

TERZO GIORNO

Visitate uno dei musei di South Kensington (Victoria & Albert, Natural History Museum o Science Museum). Kensington Palace e la Serpentine Gallery, al centro di Hyde Park, si trovano poco lontano. In alternativa, percorrete Brompton Rd verso Hyde Park Corner e incamminatevi lungo Constitution Hill per ammirare la vista su Buckingham Palace.

Da non perdere

TATE MODERN (3, G4)

Quando nel 2003 l'architetto londinese Will Alsop dichiarò di non amare affatto la Tate Modern, e la paragonò perfino a un centro commerciale, suscitò davvero un grande scalpore fra quei cinque milioni di persone che ogni anno trasformano questa ex centrale elettrica nella più frequentata galleria d'arte contemporanea d'Europa.

I visitatori non vengono qui solo per l'importantissima collezione d'arte, ma anche perché gli architetti svizzeri Pierre de Meuron e Jacques Herzog hanno riciclato questo edificio in mattoni scuri in un vessillo estetico, con la sua **ciminiera centrale** e i nuovi **piani superiori vetrati** affacciati su St Paul's, sulla sponda opposta del Tamigi. Prima dell'inaugurazione del museo (avvenuta nel 2000), la grande **Turbine Hall** della Bankside Power Station in disuso è stata trasformata in un suggestivo atrio e spazio espositivo, con ascensori e scale mobili che conducono ai piani delle mostre.

INFORMAZIONI
- ☎ 7887 8008 (informazioni registrate), 7887 8888 (biglietteria)
- 🖥 www.tate.org.uk
- ✉ Bankside SE1
- £ libero, offerta £2
- 🕐 10-18 dom-gio, 10-22 ven-sab
- ℹ audioguide (£1); visite guidate gratuite
- 🕐 11, 12, 13, 14, 15 e 18.30
- ⊖ Southwark
- ♿ eccellente
- ✕ caffè L4 e L7 Tate Modern

La collezione è organizzata per tema anziché secondo criteri cronologici o per artista, e le opere di Georges Braque, Henri Matisse, Roy Lichtenstein, Jackson Pollock, Mark Rothko, Andy Warhol e molti altri sono disposte nelle varie sale che raggruppano stessi soggetti: **panorami**, **nature morte**, **società**, **corpo**.

NON DIMENTICATE...

- I murali di Mark Rothko
- *Il Bacio* di Auguste Rodin
- *Five Angels for the Millennium* di Bill Viola
- *Ragazza in camicia* di Picasso
- *Still Life* di Sam Taylor-Wood
- La Turbine Hall

Il caffè del 4° piano e il caffè-ristorante del 7° offrono una vista panoramica e hanno contribuito a rendere questo nuovo museo la principale attrattiva di Londra, al posto del venerando British Museum. Un successo innegabile, confermato dal prestigioso premio di architettura Pritzker Prize (2000).

La Turbine Hall (sala delle turbine) è un atrio d'ingresso davvero eccezionale

BRITISH MUSEUM (3, D3)

Il più grande museo del Regno Unito espone soprattutto opere d'arte e reperti antichi, nelle vaste sale dedicate tra l'altro ai regni **egizi, etruschi, greci, orientali** e nelle **gallerie romane**. Le collezioni si sono notevolmente ampliate da quando il medico di corte Hans Sloane (lo stesso di Sloane Square) le inaugurò vendendo nel 1753 il suo 'gabinetto di curiosità' alla nazione. Le aggiunte più recenti, quelle del XXI secolo, sono la **Wellcome Gallery of Ethnography** e le **Sainsbury African Galleries**.

Queste ultime sono situate nel cortile interno, oggetto di una celebre ristrutturazione da parte di Sir Norman Foster per il millennio; la luminosa **Great Court**, nascosta al pubblico per 150 anni, è oggi coperta da una spettacolare tettoia di acciaio e vetro nel cuore del museo, insieme alla favolosa **Reading Room** della vecchia British Library, la biblioteca dove studiarono George Bernard Shaw

INFORMAZIONI

- ☎ 7323 8000
- 🖳 www.thebritishmus eum.ac.uk
- ✉ Great Russell St WC1
- 💷 libero, gradita un'offerta; tariffe variabili per le manifestazioni speciali
- 🕙 10-17.30, fino alle 20.30 gio-ven (solo in certe gallerie)
- ℹ audioguide per i capolavori £3,50 (90 min); visite guidate per i capolavori (90 min) 🕙 10.30, 13 e 15 £8/5; visite guidate gratuite Eye Opener (50-60 min) 🕙 11-15.30
- ⊖ Tottenham Court Rd/Russell Sq
- ♿ buono
- 🍴 Court Café, Gallery Café, Court Restaurant

NON DIMENTICATE...

- Le mummie egizie
- I marmi del Partenone
- Il tesoro di Oxus
- La stele di Rosetta
- Il tesoro di Sutton Hoo

La luminosa Great Court

e il Mahatma Gandhi, e dove Karl Marx scrisse *Il Manifesto del Partito Comunista*.

Prima di accedere a una qualunque sala del museo, fatevi un'idea delle sue dimensioni e decidete che cosa vi interessa di più, poiché in un solo giorno vedrete ben poco; l'ingresso è libero, quindi potrete tornarci più volte. Per evitare le folle in coda all'imponente ingresso porticato di Great Russell St, passate dal retro in Montague Place.

Il museo è oggetto di una controversia: in occasione delle Olimpiadi di Atene del 2004 la Grecia ha intensificato le pressioni (ormai decennali) per la restituzione dei **Marmi del Partenone**, inviati in patria via mare dall'ambasciatore inglese Lord Elgin nel 1806.

BRITISH AIRWAYS LONDON EYE (3, E5)

Nelle giornate limpide, dalla ruota panoramica più grande del mondo si domina un panorama che spazia per ben 40 km in tutte le direzioni: fino a Windsor a ovest, e a est fin quasi al mare. Ma non sono soltanto le sue dimensioni a rendere il London Eye (alto 135 m) così affascinante: le 32 cabine di vetro dondolano lentamente e con garbo mentre la ruota impiega 30 minuti a compiere un giro completo, perciò i passeggeri (fino a 25 per cabina) hanno tutto il tempo di ammirare la magnifica vista.

Costruita per celebrare il nuovo millennio, la ruota fu inaugurata con imbarazzante ritardo, ma oggi è difficile immaginare i **Jubilee Gardens** e la sponda meridionale del Tamigi senza questa amatissima icona. Anziché essere rimossa nel 2005, secondo il progetto iniziale, la ruota resterà al suo posto almeno fino al 2028, donando al lungofiume una piacevole atmosfera carnevalesca.

La biglietteria si trova dietro la ruota. Siccome la coda può essere molto lunga, cercate di arrivare presto o meglio ancora di prenotare; i biglietti prenotati si ritirano 30 minuti prima del 'volo'. Vi sono anche speciali pacchetti romantici, champagne incluso.

INFORMAZIONI

- ☎ 0870 500 0600
- 🖥 www.ba-london eye.com
- ✉ Jubilee Gardens SE1
- £ £11,50/5,50-10, 5% di sconto per le prenotazioni online
- 🕑 9.30-20, fino alle 21 o 22 nel fine settimana a mag, giu e set, fino alle 22 in lug e ago; chiuso 5-31 gen
- ⊖ Waterloo
- ♿ eccellente
- ✗ People's Palace al Royal Festival Hall (p75)

I ponti di Londra

Londra conta 15 ponti tra il neogotico Tower Bridge a est e il Battersea Bridge a sud-ovest. A vantare la storia più lunga è il London Bridge, che collega Southwark con la City (ma la sua moderna incarnazione data al 1972), mentre il più bello è il Millennium Bridge, tra Bankside e la City, il quale però, alla sua inaugurazione (giugno 2000), ha accusato problemi di stabilità ed è rimasto chiuso per riparazioni fino alla fine del 2002. La *new entry* tra i ponti londinesi è il Golden Jubilee Bridge del 2003, in realtà una ristrutturazione ampliata e riveduta dell'Hungerford Bridge tra Waterloo e Charing Cross.

WESTMINSTER ABBEY (3, D6)

Teatro di incoronazioni e sepolture reali, nonché fonte di ispirazione per la chiesa anglicana, Westminster Abbey ha svolto per secoli un ruolo di fondamentale importanza nella storia inglese. La prima abbazia risale almeno all'XI secolo durante il regno di Edoardo il Confessore, ma è possibile che l'edificio sia più antico. Edoardo, che verrà in seguito beatificato, riposa nella cappella dietro l'altare maggiore, non lontano dalla **Coronation Chair**, sulla quale sono stati incoronati quasi tutti i monarchi inglesi a partire dal XIII secolo.

Spesso descritta come l'esempio più compiuto di gotico primitivo inglese, l'abbazia è un misto di stili. Nel XIII secolo Enrico III fece ampliare la struttura edoardiana, e i lavori proseguirono per secoli. L'alta navata in stile gotico francese non fu portata a termine che nel 1388, mentre la **Cappella di Enrico VII** venne aggiunta nel 1519, e a metà del XVIII secolo Christopher Wren e il suo discepolo Nicholas Hawksmoor costruirono le due torri dell'ingresso (portale ovest).

Tra i reali sepolti nella Cappella di Enrico VII (detta anche Lady Chapel) ricordiamo lo stesso Enrico VII, Elisabetta I e i due principi assassinati nella torre (v. p15). Nel transetto meridionale, dalla parte opposta rispetto al portale principale, si trova il **Poets' Corner**, dove furono sepolti, fra gli altri, Geoffrey Chaucer, Edmund Spenser, Ben e Samuel Johnson, Alfred Lord Tennyson.

Attorno al **chiostro** si trovano alcuni musei: la **Chapter House**, l'**Abbey Museum** e la **Pyx Chamber**, che un tempo custodiva il Tesoro Reale.

Il momento più suggestivo per la visita dell'abbazia è la **preghiera della sera**, sempre affollatissima: consigliamo di arrivare presto.

INFORMAZIONI

- ☎ 7654 4900 o 7222 5152
- 🖳 www.westminster-abbey.org
- ✉ Dean's Yard SW1
- £ £7,50/5, famiglie £15
- 🕑 9.30-15.45 lun-ven, fino alle 19 gio, 9-13.45 sab, preghiera della sera 17 lun-ven, 15 sab-dom
- ℹ audioguide (£3); visite guidate 1 ora e 30 min (£4), 3-6 al giorno
- ⊖ Westminster
- ♿ buono
- ✖ Westminster Arms

NON DIMENTICATE...

- Il College Garden
- Il Poets' Corner
- La tomba della regina Elisabetta I
- La tomba di Maria, regina di Scozia

HOUSES OF PARLIAMENT (3, D6)

Ritratto a olio da Monet e Turner e raffigurato su milioni di cartoline, il Palace of Westminster è un punto di riferimento del panorama londinese che risulterà familiare persino a chi non ha mai visitato la città. Questo elaborato edificio in stile neogotico vittoriano, che si affaccia sul Tamigi, deve certamente parte della sua fama al fatto di ospitare uno dei parlamenti più antichi del mondo, istituito a metà del XIII secolo.

Progettato da Charles Barry e Augustus Pugin nel 1840 dopo un devastante incendio, l'edificio attuale è famoso soprattutto per i rintocchi della sua torre dell'orologio, nota come **Big Ben**, ma molti turisti ne visitano anche l'interno (**House of Commons** e **House of Lords**).

Ci sono due modi per visitare il parlamento. Quando sono in corso delle sedute (tutto l'anno, tranne a Pasqua, Natale e tre mesi in estate) vi si può assistere dalla galleria dei visitatori della Camera dei Lord; le code sono molto più lunghe per la Strangers' Gallery della Camera dei Comuni. In estate hanno luogo visite guidate. I controlli di polizia sono sempre molto severi.

House of Commons

Costruita sulla St Stephen's Chapel dell'antico Palace of Westminster, l'attuale Camera progettata da Giles Gilbert Scott dopo la seconda guerra mondiale ha sostituito un edificio precedente distrutto nel 1941. Sebbene i Comuni siano una camera nazionale formata da 659 membri del Parlamento, i posti a sedere sono appena 437. I membri del governo siedono a destra del presidente e l'opposizione a sinistra. La sedia del presidente della Camera dei Comuni è un dono dell'Australia, mentre i ministri parlano da un banco donato dalla Nuova Zelanda.

INFORMAZIONI

☎ 7219 4272 (House of Commons Information Office), 7219 3107 (House of Lords Information Office)

▯ www.parliament.uk

✉ Parliament Sq SW1 (visitatori: St Stephen's Entrance, St Margaret St SW1)

£ libero

☾ quando il parlamento è in seduta: Camera dei Comuni 14.30-22.30 lun, 11.30-19 mar-mer, 11.30-18.30 gio, 9.30-15 ven; Camera dei Lord 14.30-22 lun-mer, 11-13.30 e 15-19.30 gio, 11-15 ven

ⓘ visite guidate 1 ora e 15 min (☎ 0870 906 3773) 9.30-15.30 lun-sab da fine lug a fine set, £7/5, famiglie £22

⊖ Westminster

♿ buono

✕ Westminster Arms

Superati i controlli, potrete ammirare il soffitto (realizzato nel 1401) della **Westminster Hall** (1099), che è la più antica parte superstite del Palace of Westminster, sede medievale della monarchia inglese. La sala fu occasionalmente utilizzata anche come corte di giustizia, dove si celebrarono i processi di William Wallace (1305), Sir Thomas More (1535), Guy Fawkes (1606) e Charles I (1649).

La torre situata all'estremità opposta dell'edificio rispetto al Big Ben si chiama Victoria Tower (1860).

NATIONAL GALLERY (6, C3)

La più importante collezione d'arte del Regno Unito è presentata in modo molto formale, con i suoi classici dipinti racchiusi in cornici dorate e appesi sotto le ampie volte delle sale. La relativa quiete di questi ambienti con parquet e tappezzeria a rilievo dona all'insieme un tono leggermente paternalistico, ma le opere esposte sono notevoli.

Oltre 2000 dipinti formano una **successione temporale continua**, dagli antichi maestri (1260-1510) della recente aggiunta, la Sainsbury Wing, alla rinascimentale West Wing (1510-1600), fino alla North Wing (1600-1700) e alla East Wing (1700-1900), che ospitano maestri italiani e olandesi, ma cercare di vedere tutto in una sola visita è un'impresa molto impegnativa.

Fortunatamente la qualità delle opere è pari alle dimensioni della galleria, perciò ammirerete capolavori come *Giovane donna seduta al virginale* (Sala 16) di Vermeer, la *Bagnante* (Sala 23) di Rembrandt o i *Bagnanti ad Asnières* (Sala 44) di Seurat. Potrete optare per le opere imperdibili oppure seguire le vostre inclinazioni personali, ma è essenziale che vi procuriate la **cartina gratuita** del museo. Tra i dipinti in mostra figurano opere di Canaletto, Caravaggio, Gainsborough, Monet, Raffaello, Renoir, Tiziano e Turner, e tra tanti capolavori l'**Hoogstraten's Peepshow** della Sala 17 sarà un piacevole diversivo con le sue immagini tridimensionali.

INFORMAZIONI

- ☎ 7747 2885
- 🖥 www.nationalgallery. org.uk
- ✉ Trafalgar Sq WC2
- 💷 libero
- 🕙 10-18, fino alle 21 mer
- ℹ audioguide (£4; si lascia una cauzione o un documento); visite guidate 1 ora 🕙 11.30 e 14.30, 18.30 mer
- ⊖ Charing Cross/ Leicester Sq
- ♿ buono
- 🍽 Gallery Café, ristorante Sainsbury Wing

NON DIMENTICATE...

- I *Girasoli* di Van Gogh
- *The Hay Wain* di Constable
- *Venere allo specchio* di Velázquez
- I *coniugi Arnolfini* di Van Eyck
- *Vergine con il Bambino, Sant'Anna e San Giovanni Battista* di Leonardo da Vinci
- Il dittico *Wilton*

Fondata nel XIX secolo, la National Gallery ha avviato un restauro nel 2003-2004 per creare un cortile e nuovi ingressi sulla rimodernata Trafalgar Square, e tale progetto non ha suscitato il vivace dibattito di cui fu invece oggetto negli anni '80 la **Sainsbury Wing**: il principe Carlo, di gusti assai conservatori, definì la struttura proposta come un 'foruncolo' e la nuova ala fu quindi riprogettata da altri architetti.

TOWER OF LONDON (3, J4)

'Instabile è la testa che porta una corona': questo verso di Shakespeare si affaccia subito alla mente visitando la Torre di Londra, dove Anna Bolena, moglie di Enrico VIII, fu decapitata nel XVI secolo e dove oggi sono esposti i **gioielli della Corona** inglese.

Costruito a partire dal 1078 durante il regno di Guglielmo il Conquistatore, questo castello ben conservato è uno dei tre siti di Londra dichiarati Patrimonio Mondiale dell'Umanità (insieme a Westminster Abbey e Maritime Greenwich). La **White Tower** al centro del complesso è l'edificio più antico, a cui nei secoli si aggiunsero altre torri, un pontile lungo il fiume e un palazzo.

Nata come residenza reale, in seguito la torre fu sempre più spesso usata come prigione dopo il trasferimento di Enrico VIII a Whitehall Palace nel 1529. Sir Thomas More, Lady Jane Grey e la principessa (poi regina) Elisabetta furono tenuti prigionieri qui. Potrete vedere la **Queen's House** dove Anna Bolena fu incarcerata prima dell'esecuzione sul vicino patibolo, e la tristemente nota **Bloody Tower**, dove Edoardo V e suo fratello furono probabilmente assassinati dal loro zio, Riccardo III. La storia recente della torre è meno tetra, sebbene il suo ultimo prigioniero – il nazista Rudolf Hess – vi sia stato imprigionato nel 1941.

Poiché la torre è visitata da oltre 2 milioni di persone ogni anno, è consigliabile acquistare in anticipo il biglietto presso una stazione della metropolitana e andarci al pomeriggio.

INFORMAZIONI

- ☎ 0870 756 6060 (informazioni), 0870 756 7070 (biglietti)
- 🖥 www.hrp.org.uk
- ✉ Tower Hill EC3
- £ £13,50/8-10,50, famiglie £37,50, £1 sconto prenotazione
- ⏰ 9-18 mar-sab, 10-18 dom-lun marzo-ott, fino alle 17 nov-feb
- ℹ audioguide (£3); visita guidata gratuita di 1 ora dei Beefeater ogni 30 min ⏰ 9.30-15.30 (dalle 10 dom-lun, fino alle 14.30 nov-feb)
- ⊖ Tower Hill
- ♿ discreto
- ✗ Café Spice Namaste (p70)

Corvi e 'beefeaters'

Narra una leggenda che se i corvi volassero via, la White Tower crollerebbe e una grave sciagura colpirebbe l'Inghilterra; perciò gli Yeoman Warders (Beefeaters), in costume Tudor, che sorvegliano la torre accorciano le ali agli uccelli. Le guardie sono dette 'beefeaters' (mangiatori di manzo) perché nel 1600 ricevevano una razione quotidiana di manzo e birra: il soprannome fu quindi dettato dall'invidia popolare.

NATIONAL PORTRAIT GALLERY (6, D3)

A paragone della talvolta opprimente National Gallery, la NPG è molto più divertente e forse unica al mondo, essendo qui i soggetti delle opere più importanti dell'arte stessa: con i suoi 10.000 ritratti di personaggi famosi inglesi di tutti i tempi, questa galleria dà credito all'affermazione di Thomas Carlyle, secondo cui la storia non è altro che la 'biografia dei grandi uomini' (e donne).

I recenti restauri hanno riordinato la collezione, e oggi i dipinti sono disposti in ordine cronologico dal piano superiore a quello terreno. L'ascensore porta direttamente all'ultimo piano, dove troverete i **ritratti classici** di Riccardo III, Enrico VIII, Elisabetta I, Shakespeare e dei sovrani Stuart.

Di qui la collezione prosegue fino al XXI secolo, con opere di **Hogarth** e **Reynolds**, ritratti dei primi ministri Gladstone e Disraeli e di numerosi capitani di marina e d'industria. Una sala è dedicata ai **poeti romantici** come Keats, Byron e Shelley, e a questo punto comincerete a chiedervi se i ritrattisti del passato usassero tutti lo stesso modello, al quale aggiungevano le fattezze dell'individuo.

CHARLOTTE HINDLE

INFORMAZIONI

☎ 7306 0055 o 7312 2463 (informazioni registrate)

🖥 www.npg.org.uk

✉ St Martin's Place WC2

£ libero, eccetto alcune esposizioni speciali

🕙 10-18 sab-mer, 10-21 gio-ven

ⓘ audioguide (£3, richiesta cauzione)

⊖ Charing Cross/ Leicester Sq

♿ buono

🍴 Portrait Café, Portrait Restaurant

NON DIMENTICATE...

I ritratti di William Shakespeare, Enrico VIII, la regina Elisabetta I, Oliver Cromwell, Lord Byron, Lady Emma Hamilton, Charles Darwin, Winston Churchill, T.E. Lawrence e Diana, principessa di Galles

La collezione viene esposta a rotazione, perciò non tutte le opere sono in mostra contemporaneamente. Giunti alla **Balcony Gallery** del 1° piano, eccovi in mezzo a personaggi recenti, come il primo ministro Harold Wilson, il poeta Philip Larkin e il leader sindacale Arthur Scargill. Il pianterreno è la parte più popolare del museo, poiché vi sono esposte fotografie opera di artisti famosi come Mario Testino (che ha immortalato personaggi del calibro di Naomi Campbell e Kate Moss) insieme a sculture e dipinti di **moderne celebrità**.

Nella **IT Gallery** dell'ammezzato, sopra il banco informazioni, potrete ammirare tutta la collezione su supporto digitale, mentre da giugno a settembre vengono esposti i debuttanti del prestigioso premio BP Portrait Award.

MADAME TUSSAUD'S (3, A2)

Madame Tussaud's suscita opinioni diverse. Secondo i suoi 3 milioni (circa) di visitatori annuali, che la rendono una delle 10 principali attrattive londinesi, è da non perdere, mentre milioni di altre persone sono ben felici di evitare questo famoso museo delle cere.

Se avete già incluso questa tappa nel vostro itinerario, probabilmente non cambierete idea. In caso contrario, vi consigliamo la National Portrait Gallery (v. p16) che è una sfilata di celebrità assai più interessante.

All'uscita dagli ascensori vedrete un murale interattivo di paparazzi urlanti, che vi introdurrà nell'atmosfera della mostra **Garden Party** e dei suoi modelli delle celebrità del momento che si mescolano ai turisti: gli 'ospiti' di questo party, infatti, vengono fatti ruotare, e in un angolo c'è un fotografo professionista che potrà immortalarvi insieme a Julia Roberts o al bel fondoschiena di Brad Pitt.

Al piano inferiore, la **Grand Hall** ospita le riproduzioni di grandi leader mondiali e di sportivi passati e presenti. La successiva **Chamber of Horrors** (camera degli orrori) non è poi così spaventevole, mentre lo **Spirit of London** è una specie di giostra dove prenderete posto in un finto taxi nero londinese e per cinque minuti ascolterete un breve riassunto della storia di Londra (vale la pena soltanto per stare seduti). Passando davanti a Nelson, leggerete un commento di dubbio gusto sul suo occhio bendato.

Il museo potrebbe anche essere divertente, se non fosse per il costoso biglietto e le lunghe code (queste ultime si possono evitare pagando un supplemento per l'entrata su appuntamento). Ma se vi piace il kitsch, questo è il posto che fa per voi.

INFORMAZIONI
- ☎ 0870 400 3000
- 🖥 www.madame-tussauds.com
- ✉ Marylebone Rd NW1
- £ le tariffe variano a seconda dell'ora di ingresso: adulti £12-22, ridotti £7-17
- 🕐 9-17.30 giu-metà set, 10-17.30 lun-ven e 9.30-17.30 sab-dom metà set-mag
- ⊖ Baker St
- ♿ buono
- ✕ Costa Coffee

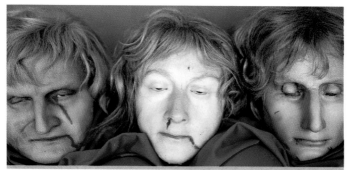

Nel secolo scorso il museo era noto proprio per la camera degli orrori

SHAKESPEARE'S GLOBE (3, G4)

Qui potrete fischiare gli attori e vedere Shakespeare così come veniva interpretato nella sua stessa epoca. Il ricostruito Globe è un teatro fuori dal comune, dove potrete comportarvi come vi pare. Questa copia fedele dell'originale 'O di legno', che si trova a soli 200 m dal Globe Theatre dove Shakespeare lavorò dal 1599 al 1611, ha un palcoscenico centrale all'aperto uguale a quello originale, circondato da una fila di posti coperti.

Ma, cosa più importante, gli interpreti sono fedeli alla natura essenzialmente populista del Bardo: spesso gli uomini recitano ruoli femminili, e tutti gli attori sono vicini al pubblico, mentre i 500 spettatori più in basso stanno in piedi nella platea, e non esistono impianti di suoni e luci.

La struttura dell'edificio non offre ripari agli spettatori, per non

Il sogno di Wanamaker

Chiuso nel 1642 dai puritani, che consideravano i teatri alla stregua di covi di ogni iniquità, il Globe era ormai un lontano ricordo quando l'attore e regista americano Sam Wanamaker venne a cercarne le tracce nel 1949. Sebbene le fondamenta dell'edificio originale fossero sepolte sotto una fila di edifici georgiani, Wanamaker non si arrese e nel 1970 fondò il Globe Playhouse Trust, iniziando a raccogliere fondi per costruire un teatro commemorativo. I lavori cominciarono nel 1987 ma Wanamaker morì quattro anni prima dell'inaugurazione del nuovo Globe, avvenuta nel 1997.

parlare del rumore degli aerei che lo sorvolano e delle due 'autentiche' colonne corinzie che ostruiscono la vista. In inverno gli spettacoli si svolgono al coperto, nell'adiacente **Inigo Jones Theatre** di stile giacobiano.

Se non riuscite a vedere *Riccardo III* o *La bisbetica domata*, potete comunque visitare il Globe e conoscerne la storia partecipando a una visita guidata del teatro e della magnifica mostra sulla Londra elisabettiana, al piano inferiore, in cui sono particolarmente interessanti le sezioni dedicate agli effetti speciali dell'epoca.

INFORMAZIONI

- ☎ 7902 1500 (mostra), 7401 9919 (biglietteria teatrale)
- ▣ www.shakespeares-globe.org
- ✉ 21 New Globe Walk SE1
- £ mostra £8/5,50-6,50, famiglie £24; posti a sedere £11-29; posti in piedi £5
- ☿ 9-12 (visita alla mostra e al teatro) e 12.30-17 (mostra) mag-set, 10-17 (visita alla mostra e al teatro) ott-apr, 19.30 (spettacoli) mag-set
- ⊖ Southwark/London Bridge
- ♿ buono
- ✗ Globe Café, Globe Restaurant

ST PAUL'S CATHEDRAL (3, G3)

Una cupola, una scalinata e un bel panorama: questo potrebbe essere lo sbrigativo riassunto di una visita turistica al capolavoro di Sir Christopher Wren, ma per i londinesi l'imponente edificio è assai più noto quale sede di importanti cerimonie di stato, dai funerali di Winston Churchill al matrimonio di Carlo e Lady D. Costruita dopo il Grande Incendio di Londra e inaugurata nel 1697, la cattedrale sopravvisse ai bombardamenti della seconda guerra mondiale e per questo divenne un simbolo del coraggio dei londinesi.

I massicci restauri in corso dovrebbero terminare nel 2005, ma la pulitura degli esterni proseguirà fino al 2008. È possibile salire i 530 gradini che portano all'interno della più grande **cupola** di Londra per ammirare le **Whispering**, **Stone** e **Golden Galleries**. Salite almeno fino alla Stone Gallery (378 gradini) per godere del panorama.

Nella cattedrale si trovano gli elaborati **stalli del coro intagliati**, opera di Grinling Gibbons, le **cancellate in ferro battuto** eseguite da Jean Tijou, il dipinto di Holman Hunt *Light of the World* e un **ritratto di John Donne**, ex decano di St Paul's. Dietro all'altare, sormontato da un baldacchino di legno di quercia dorato, si apre l'**American Chapel**, dedicata alla memoria dei 28.000 americani uccisi durante la seconda guerra mondiale.

Sul pavimento sotto la cupola c'è un disegno a forma di bussola con un epitaffio di Wren: *Lector, si monumentum requiris, circumspice* (Tu che leggi, se cerchi il suo monumento guardati attorno). In realtà, il monumento a Wren si trova nella **cripta**, dove l'architetto è sepolto insieme al duca di Wellington, al generale Kitchener e a Lord Nelson.

A partire dal 2004, la risistemazione di Paternoster Square attorno a St Paul's vedrà tornare al suo posto dopo 125 anni la **Temple Bar** (1669) di Wren, ovvero l'unica porta rimasta dell'antica Londra.

INFORMAZIONI

☎ 7236 4128
🖥 www.stpauls.co.uk
✉ St Paul's Churchyard EC4
£ £6/3-5
🕐 8.30-17 lun-sab, preghiera serale 17 quasi tutti i feriali, 15.15 dom
ℹ audioguide 45 min (£3,50/3); visite guidate 90 min (£2,50/1-2), 4 al giorno
⊖ St Paul's
♿ buono
🍴 Crypt Café, Refectory Restaurant

I magnifici mosaici del soffitto

TATE BRITAIN (2, E5)

A dispetto delle previsioni, l'inaugurazione della Tate Modern (p9) nel 2000 non ha sottratto alla Tate Britain alcuna parte di gloria, ma al contrario ha rafforzato il suo ruolo di archivio dell'arte inglese dal XVI secolo ai nostri giorni: in seguito infatti al trasferimento delle opere d'arte contemporanea nella sede di Bankside e all'apertura di nuovi spazi espositivi, questo museo di Millbank ha ottenuto ambienti di maggior respiro.

Sir John Millais, artista del XIX secolo

Le opere di **Constable** e **William Blake** sono state esposte in sale più spaziose e, grazie al sistema di rotazione decennale, negli ultimi anni si sono potute ammirare opere di artisti quali Aubrey Beardsley, Terry Frost, William Hogarth, Henry Moore e Stanley Spencer.

L'antica Tate Gallery fu inaugurata in questa sede nel 1897 dal magnate dello zucchero Sir Henry Tate, e ha in gran parte mantenuto un ordine cronologico pur seguendo un'organizzazione generale tematica. Per esempio, c'è una sezione dedicata all'arte e alla società vittoriana, mentre quella della scultura inglese degli anni '80 espone opere di Antony Gormley e Anish Kapoor.

Tra gli artisti in mostra nell'edificio principale ricordiamo Francis Bacon, Lucian Freud, David Hockney e il ritrattista vittoriano delle corse di cavalli George Stubbs. Ci sono inoltre il **Gainsborough Octagon**, e la vastissima collezione di Turner nell'annesso postmoderno della **Clore Gallery**.

Infine, ogni anno a dicembre la Tate Britain surclassa il suo moderno clone ospitando il controverso **Turner Prize** per l'arte contemporanea inglese.

Tate-à-Tate

Per visitare entrambe le gallerie Tate, Britain e Modern, potrete spostarvi dall'una all'altra comodamente. Il battello **Tate-to-Tate** – decorato con la tecnica del *dot-painting* da Damien Hirst – vi porterà dal Millennium Pier della Britain fino al Bankside Pier della Modern, con una sosta al London Eye. Il battello fa servizio dalle 10 alle 18 tutti i giorni, con corse ogni 40 minuti. I biglietti sono in vendita alla Tate Modern e alla Tate Britain a £3,40 per una sola corsa o £5 per la tessera giornaliera. A seconda delle maree, è possibile che sia utilizzato un altro battello.

KEW GARDENS (1, B1)

I Royal Botanic Gardens di Kew sono una delle attrattive più popolari dell'itinerario turistico di Londra: la celebre **Palm House** (1844-48) in metallo e vetro e altre serre accolgono milioni di visitatori ogni anno. I 120 ettari di prati, giardini all'inglese e serre di Kew sono particolarmente affollati in primavera e in estate, ma le serre a clima controllato rendono la visita interessante in ogni stagione.

La Palm House, vicino all'ingresso principale Victoria Gate, ospita la flora tropicale esotica. A nord-ovest si trova la minuscola **Water Lily House** (aperta da marzo a dicembre) e più a nord ancora ecco il **Princess of Wales Conservatory** (1985), con piante di 10 diverse zone climatiche controllate dal computer. Qui si trova la più famosa delle 38.000 specie di piante di Kew, il **Titan Arum** alto due metri, detto anche 'fiore della salma', che quando fiorisce emette un odore rivoltante.

Tra le altre attrattive del giardino ricordiamo la **Temperate House**, il **Kew Palace** (costruito nel 1631) e il **Queen Charlotte's Cottage**: gli ultimi due edifici furono molto amati dal re 'pazzo' Giorgio III e da sua moglie Charlotte. Non tralasciate la **Japanese Gateway** e la famosa **Great Pagoda** (1761), progettata da William Chambers. La Marianne North Gallery e la Kew Gardens Gallery espongono dipinti a tema botanico, mentre il Museum No 1 illustra tessuti, medicine e utensili ottenuti dalle piante.

Se questo giardino dichiarato Patrimonio Mondiale dell'Umanità dall'UNESCO vi sembra troppo vasto, salite sul trenino **Kew Explorer** (£3,50/1,50) che compie un giro completo in 40 minuti.

INFORMAZIONI

- ☎ 8332 5655/5000
- 🖳 www.rbgkew.org.uk
- ✉ Kew Rd, Kew, Surrey
- £ £8,50/6; ultimo ingresso (45 min prima della chiusura delle serre) £6
- 🕥 giardini 9.30-tramonto; serre 9.30-17.30 apr-set, 9.30-17 ott e feb-marzo, 9.30-16.15 nov-gen
- ⊖ Kew Gardens
- 🚢 dal Westminster Pier (1 ora e 30 min) fino a 5 corse al giorno da fine marzo a set/ott (corsa singola/andata e ritorno £9/15) ☎ 7930 4721
- ♿ buono
- 🍴 The Orangery (p73)

La gigantesca Palm House ospita ogni genere di piante esotiche

KENSINGTON PALACE (2, C4)

Chiunque abbia memoria delle cronache del 1997 ricorderà Kensington Palace come la residenza di Diana, ultima principessa del Galles. E se il tappeto floreale disteso sul prato durante il luttuoso settembre di quell'anno è ormai solo un ricordo, nel palazzo restano alcuni abiti della principessa che sono tuttora una delle principali attrattive della **Royal Ceremonial Dress Collection**.

INFORMAZIONI

- ☎ 0870 751 5170 (informazioni registrate), 0870 751 5180 (prenotazioni)
- 💻 www.hrp.org.uk
- ✉ Kensington Palace State Apartments W8
- £ palazzo £10,80/7-8,20, famiglie £32, £1 sconto prenotazione; parco e giardini libero
- 🕐 palazzo 10-18 marzo-ott, 10-17 nov-feb; parco e giardini 5-30 min prima del tramonto
- ℹ visite con audioguide (1 ora e 30 min circa)
- ⊖ Queensway/Notting Hill Gate
- ♿ buono
- 🍴 The Orangery (p73)

Ovviamente, il palazzo vantava già una lunga storia prima che Diana vi si trasferisse nel 1986, dopo il divorzio dal principe Carlo. Costruito nel 1605, divenne la residenza prediletta di Guglielmo e Maria d'Orange nel 1689, e rimase tale fino alla morte di Giorgio I (1760). Anche in seguito i sovrani vi risedettero occasionalmente, e la regina Vittoria nacque proprio qui nel 1819.

NON DIMENTICATE...

- Gli affreschi di Kent con i ciclopi a due occhi (King's Long Gallery)
- Lo scalone del re
- La Queen Victoria Memorial Room
- Il laghetto rotondo
- *Cupido e Venere* di Van Dyck (King's Drawing Room)

Nei secoli XVII e XVIII Kensington Palace fu ristrutturato da Sir Christopher Wren e William Kent, e oggi si visitano gli angusti appartamenti da parata di Guglielmo e le sontuose sale realizzate da Kent nel periodo georgiano. Il più bell'ambiente del palazzo è la **Cupola Room**, dove si svolgeva la cerimonia d'iniziazione all'esclusivo Ordine della Giarrettiera.

Il **Sunken Garden** (giardino sommerso) vicino al palazzo è particolarmente grazioso durante la stagione estiva, e nei suoi pressi si trova l'Orangerie, progettata da Nicholas Hawksmoor e Vanbrugh nel 1704 come serra indipendente, con incisioni di Grinling Gibbons, e oggi trasformata in una luminosa sala da tè.

BUCKINGHAM PALACE (3, B5)

Grazie al reporter del *Daily Mirror* Ryan Parry, che vi lavorò in incognito per due mesi in qualità di valletto, il mondo è riuscito a farsi un'idea della vita quotidiana dei reali: carta da parati rosa e rossa che richiama i pub di periferia, boiserie alle pareti, orsetti di peluche sui letti e contenitori di plastica sul tavolo della colazione.

Quando Buck Palace apre i battenti ai visitatori, in agosto e settembre, forse è un bene che soltanto 19 delle sue 661 stanze siano visitabili: per fortuna si tratta delle saloni di rappresentanza dove la regina e la sua corte ricevono i 'dignitari' in visita, come George W. Bush (in stivali da cowboy) e le valorose squadre di rugby inglesi.

Dal 1993 si effettuano visite guidate, che rientrano nella strategia elaborata per ridare lustro all'immagine un po' appannata dei Windsor. Forse l'opulenza delle **Guard Room**, **State Dining Room**, **Ballroom** e di vari salotti non riusciranno mai a convincere i sostenitori della repubblica, ma i fan della monarchia resteranno sicuramente affascinati.

Il kitsch regna nella **Throne Room**, dove i due troni rosa che

MANFRED GOTTSCHALK

In guardia!

Persino l'autrice di *Winnie the Pooh*, A.A. Milne, ha parlato del cambio della guardia a Buckingham Palace, per cui potete essere certi che si tratta di una cerimonia tipicamente inglese. Il cambio ha luogo nel cortile anteriore di Buckingham Palace, dove la guardia che smonta viene sostituita da quella successiva, ma è importante arrivare presto sul posto per riuscire a vedere le impettite guardie nelle loro uniformi rosso brillante con copricapo in pelo d'orso bruno canadese.

recano le iniziali *ER* e *P*, sono sistemati in bell'ordine, mentre nell'adiacente **Royal Mews** si possono ammirare splendide carrozze.

La ristrutturata **Picture Gallery** è più interessante e racchiude splendidi dipinti di artisti del calibro di Rembrandt, Van Dyck, Canaletto, Poussin e Vermeer, benché altre loro opere, e ben più numerose, si possano ammirare senza spendere nulla alla National Gallery (p14).

Buckingham House (1705) è residenza reale dal 1837, anno in cui vi si trasferì la regina Vittoria.

NATURAL HISTORY MUSEUM (2, C5)

Questo museo comprende due collezioni: le **Life Galleries** nel sontuoso edificio neogotico che si raggiunge da Cromwell Rd, e le meno imponenti **Earth Galleries**, con ingresso vicino all'incrocio di Exhibition Rd, entrambe concepite per accogliere i bambini.

Nonostante le moderne aggiunte alle Life Galleries, come i **dinosauri animati**, la bellissima stanza degli **insetti** e il vasto nuovo **Darwin Centre** (con visita guidata ai suoi 22 milioni di esemplari zoologici), l'imponente edificio realizzato dall'architetto ottocentesco Alfred Waterhouse evoca l'epoca antiquata degli scienziati vittoriani. Lungo le pareti si allineano fossili e vetrine con uccelli impagliati, e persino il popolarissimo **scheletro di dinosauro Diplodocus** nell'ingresso e la gigantesca (e malandata) **balenottera azzurra** sono attrattive ormai appannate dal tempo. I dinosauri animati del museo, incluso un *Tyrannosaurus rex* alto 4 m, saranno portati in un tour europeo per i prossimi anni, ma nella sezione dei dinosauri si possono anche vedere *raptor* animati di minori dimensioni.

Altra atmosfera, invece, nelle Earth Galleries, dove lungo le pareti nere sono esposti cristalli, gemme e pietre preziose. Quattro statue a grandezza naturale sono allineate davanti alla scala mobile, che sale

INFORMAZIONI

- ☎ 7942 5000
- ▣ www.nhm.ac.uk
- ✉ Cromwell Rd SW7
- £ libero
- ⏱ 10-17.50 lun-sab, 11-17.50 dom
- ⓘ prenotazione online delle visite guidate gratuite al Darwin Centre (75p per la prenotazione) oppure al banco informazioni (prenotazione gratuita)
- ⊖ South Kensington
- ♿ eccellente
- ✗ Globe Café, Life Galleries Restaurant, Waterhouse Cafe, Picnic Area

NON DIMENTICATE...

- La balenottera azzurra
- Il dronte (dodo) imbalsamato
- Lo scheletro del dinosauro Diplodocus
- Gli insetti
- I dinosauri animati
- Il video murale Quadrascope della Ecology Gallery
- Minerali e gemme delle Earth Galleries

in una sfera cava fino alle sezioni dedicate ai mutamenti geologici del pianeta, con tanto di **vulcani**, **terremoti** e **tempeste**. Ma la principale attrattiva di questa parte del museo – la riproduzione di una piccola drogheria giapponese nel corso del terremoto di Kobe del 1995 – è deludente. Altre sezioni illustrano la nascita dei pianeti e l'ecologia terrestre.

La favolosa facciata del museo

VICTORIA & ALBERT MUSEUM (2, C5)

Si vanta di essere il più grande museo di arti applicate e di design al mondo, e in effetti da quando il principe Alberto (marito della regina Vittoria) ne fece dono allo stato dopo la Grande Esposizione del 1851, il V&A sembra non aver avuto limiti nelle acquisizioni. Con quasi 4 milioni di pezzi esposti, dall'arte islamica alle sedie Bauhaus, e poi argenti, porcellane e statue in gesso, questo museo è una sorta di soffitta di tutta la nazione, perciò prima di tuffarvi nel suo magnifico caos decidete che cosa vi interessa di più.

INFORMAZIONI

- ☎ 7942 2000
- 🖳 www.vam.ac.uk
- ✉ Cromwell Rd SW7
- £ libero, richiesta donazione £3
- 🕐 10-17.45 lun-dom, fino alle 22 mer e l'ultimo ven del mese
- ⓘ visite guidate gratuite di 1 ora
  🕐 10.30-15.30 (mer 16.30)
- ⊖ South Kensington
- ♿ eccellente
- 🍽 The New Restaurant at the V&A

Molti visitatori si dirigono subito dall'enorme **lampadario in vetro** blu-verde di Dale Chihuly, nell'ingresso di Cromwell Rd, verso la Sala 40 del medesimo piano (Level 1) per visitare la sezione **costume e moda**, che spazia dalle parrucche settecentesche agli zatteroni indossati da Naomi Campbell. Altri scelgono invece la vicina collezione di disegni di Raffaello, oppure gli schizzi (Sala 48A). La **Green Dining Room** opera del decano del movimento Arts e Crafts, William Morris, si trova anch'essa al Level 1, dietro il tranquillo Pirelli Garden.

Le relativamente nuove **British Galleries**, ai Level 2 e 4, illustrano la storia del design inglese dal 1500 al 1900, mentre le **gallerie del design del XX secolo** (Level 3) espongono oggetti quali la sedia di Ron Arad e un aspirapolvere di Dyson.

Nella **Henry Cole Wing**, sul lato di Exhibition Rd, troverete la più grande collezione di opere di Constable, ma forse la principale attrattiva del museo sono le **mostre temporanee**.

La spirale della discordia

Nell'ultimo decennio le gallerie V&A sono state rinnovate, per cui il museo pare una città con i suoi diversi quartieri, comprendenti l'Europa (con le nuove British Galleries), l'Asia, il Design Contemporaneo e altro ancora. La proposta di variazione più controversa è l'ampliamento postmoderno cosiddetto Spiral, progettato da Daniel Libeskind, le cui forme contorte hanno irritato i londinesi, pur avendo ottenuto l'appoggio dell'English Heritage; ma problemi di budget (il progetto ha un costo di 75 milioni di sterline) hanno fatto rimandare l'inizio dei lavori al 2008. Nel frattempo Libeskind è stato impegnato nei progetti per la ricostruzione di Ground Zero a New York.

SCIENCE MUSEUM (2, C5)

Oltre ai reperti storici, come il modulo di comando dell'Apollo 10 e il treno a vapore Rocket di Stephenson, è la tecnologica **Wellcome Wing** che richiama il maggior numero di visitatori, ospitando il **SimEx Simulator Ride** e un **cinema IMAX** e divertendo i giovani (d'età e di spirito) con futuristiche visioni. Al Level 1 si trova una sezione sull'identità intitolata **Who am I?** e nel seminterrato varie **mostre interattive** per bambini.

Tornando nell'edificio principale, nel grande atrio è esposto un motore industriale dell'inizio del XX secolo; si prosegue poi con la storia della rivoluzione industriale. Al pianterreno è allestita una **mostra sullo spazio**, che – pur ormai antiquata come lo shuttle – richiama tuttora un pubblico attento.

Ai piani superiori si trovano sezioni dedicate al tempo e ai cibi (Level 1), e alla matematica e ai computer (Level 2), con una ricostruzione del **calcolatore meccanico** di Charles Babbage (1832), antenato dei moderni computer. Il 3° piano è molto amato dai bambini per gli alianti, le mongolfiere e vari altri velivoli, nonché per il simulatore di volo trasformato nella giostra **Motionride** (£2,50/1,50). I piani 4° e 5° ospitano mostre sulla storia della medicina e della veterinaria, ma a questo punto la maggior parte dei genitori sarà ridiscesa nel gigantesco **negozio** che si trova al pianterreno.

INFORMAZIONI

- ☎ 0870 870 4868
- 🖳 www.science museum.org.uk
- ✉ Exhibition Rd SW7
- £ libero al museo; cinema IMAX £7,50/ 6; giostra SimEx £3,75/2,75
- 🕙 10-18 (museo e cinema IMAX)
- ⊖ South Kensington
- ♿ eccellente
- 🍴 Deep Blue Café

NON DIMENTICATE...

- Il modulo di comando dell'Apollo 10
- Il motore a vapore di Boulton e Watt
- Il simulatore di volo Venture Motionride
- L'orologio della cattedrale di Wells (1392)
- Il *Gipsy Moth* di Amy Johnson

CHARLOTTE HINDLE

ROYAL OBSERVATORY (5, B3)

In questo osservatorio potrete stare con un piede nell'emisfero ovest e l'altro in quello est e sapere perché il **Prime Meridian** per la misurazione dell'ora si trova proprio qui: una storia assai complicata.

L'edificio fu costruito nel 1675, epoca in cui le navi si incagliavano regolarmente non essendo in grado di misurare le loro coordinate est-ovest, ovvero la longitudine. Il re Carlo II ordinò la costruzione dell'osservatorio convinto che l'astronomia potesse fornire un metodo preciso per la navigazione in mare, e diversi astronomi di corte, da John Flamsteed in poi, vissero qui alla ricerca di una soluzione. I loro appartamenti e la **Octagon Room** da cui scrutavano i cieli esistono tuttora: la sala è un raro esemplare di design d'interni opera di Sir Christopher Wren.

Alla fine, il problema non fu risolto grazie alle stelle. John Harrison, originario dello Yorkshire, riuscì a misurare la longitudine con un orologio molto preciso (v. lettura), ma Greenwich fu comunque definito Prime Meridian nel 1884 a riconoscimento del suo lavoro e GMT (Greenwich Mean Time) divenne l'ora universale, scandita tutti

INFORMAZIONI
- ☎ 8312 6565
- 🖥 www.nmm.ac.uk
- ✉ Greenwich Park SE10
- £ libero all'osservatorio; planetario £4/2
- 🕐 osservatorio 10-18 apr-set, 10-17 ott-marzo; planetario 14.30 lun-ven, 13.30 e 15.30 sab, 14 e 15 dom
- 🚇 DLR Cutty Sark
- ♿ buono
- ✕ Trafalgar Tavern (p83)

CHARLOTTE HINDLE

La sfera rossa che scandisce il tempo

Il problema della longitudine

I marinai medievali calcolavano la latitudine con un sestante che misurava l'altezza del sole o della stella polare sull'orizzonte, ma fino al XVII secolo per le navi fu impossibile stabilire la longitudine. Poi gli scienziati scoprirono che per tale scopo bastava confrontare l'ora locale (misurata dal sole) con quella del porto di partenza (poiché la terra impiega 24 ore a compiere un giro di 360°, un'ora di differenza rappresenta 15° di longitudine), e John Harrison fu il primo a realizzare un orologio abbastanza affidabile da indicare l'ora giusta anche a bordo di una nave.

i giorni alle 12, o alle 13 in estate, dalla sfera rossa in cima all'osservatorio. Oggi il Royal Observatory espone anche l'orologio originale di Harrison, o **cronometro marino** (H4), e i tre meccanismi che lo precedettero (da H1 a H3).

SAATCHI GALLERY (3, E5)

Molte tra le opere più importanti della Young British Art (YBA) sono esposte nella Saatchi Gallery di County Hall, da **Pecora, squalo e mucche in formalina** di Damien Hirst al letto sfatto *My Bed* di Tracey Emin; altri capolavori mancano da quando nel 2003 il pubblicitario Charles Saatchi ha trasferito la sua collezione in questo sontuoso palazzo edoardiano: pare che in seguito a una lite, Hirst abbia ricomprato alcuni suoi lavori, mentre altri sono andati distrutti nel 2004 in seguito all'incendio di un magazzino.

INFORMAZIONI

☎ 7823 2363

▯ www.saatchi-gallery.co.uk

✉ County Hall, Westminster Bridge Rd SE1

£ £8,75/6,75

◷ 10-18, fino alle 22 ven e sab

⊖ Westminster/ Waterloo

✗ People's Palace nella Royal Festival Hall (p75)

Scoprite l'arte dietro la pubblicità

A Saatchi va riconosciuta l'abilità di saper scegliere le opere che descrivono un'epoca, e il museo dispone tuttora di un numero sufficiente di lavori da illustrare il movimento YBA dagli inizi nel 1992 al periodo di maggiore notorietà alla fine degli anni '90. Meritano un cenno la piccola ma molto realistica scultura di Ron Mueck, *Dead Dad*; *The Holy Virgin Mary* (pittura, carta, lustrini e sterco di elefante) di Chris Ofili; la gigantesca *Myra* (il volto dell'infanticida di Moors, Myra Hindley, realizzato con le impronte delle mani di migliaia di bambini) di Marcus Harvey; e *Au Naturel* (due meloni e un secchio, con due arance e un cocomero, sistemati su un materasso a formare una coppia nuda) di Sarah Lucas.

Imperdibili anche le opere di Gavin Turk, Jake e Dinos Chapman, e *20:50* di Richard Wilson, un'incredibile **stanza piena d'olio**, che diffonde il suo odore in tutta la galleria.

Dopo la YBA, Saatchi sembra pronto a definire una nuova era, e dal 2004 sta collezionando nuove opere tedesche e di altri paesi continentali.

Young British Art

Sebbene i suoi maggiori esponenti abbiano superato la quarantina, il movimento Young British Art è tuttora attivo. Il YBA è nato da un gruppo di creativi di Hoxton che realizzavano audaci opere concettuali, spesso poi acquistate da celebri collezionisti come Jay Jopling (v. White Cube, p33) e Saatchi, ed è diventato famoso nel 1997 con la mostra *Sensation* della Royal Academy (v. p33), dove erano esposte mucche in formalina, modelli dall'anatomia bizzarra e altre opere simili. Da allora il movimento è stato dichiarato defunto più volte, anche se le sue realizzazioni, controverse ma anche populiste, continuano ad affascinare il pubblico (ma non sempre i critici).

SOMERSET HOUSE (6, F3)

In estate, nel cortile del palazzo, sono in funzione 55 fontane, mentre in inverno lo stesso spazio si trasforma in una frequentatissima pista di pattinaggio su ghiaccio. Così, questo magnifico ex ufficio del fisco è diventato un'altra attrazione del millennio. L'Inland Revenue occupa tuttora due ali dell'edificio palladiano, mentre nella nuova **Courtauld Gallery**, vicino all'ingresso dello Strand, è in mostra una parte della meravigliosa collezione permanente (suddivisa in 5 sezioni), con opere di Botticelli, Bruegel, Cranach, Rubens, e di artisti di Bloomsbury come Vanessa Bell, Roger Fry e Duncan Grant. La sezione più nota è quella dedicata agli impressionisti e post-impressionisti, con dipinti e sculture di

INFORMAZIONI

- ☎ 7845 4600
- 🖥 www.somerset-house.org.uk
- ✉ The Strand WC2
- £ per 1/2/3 collezioni £5/8/12, sconto £1 per anziani e studenti, Courtauld Gallery gratuita
  🕒 10-14 lun
- 🕐 10-18
- ℹ disponibili visite guidate e audioguide
- ⬥ Embankment/ Temple (chiuso dom)
- ♿ eccellente
- 🍴 Coffee Gallery, ristorante Admiralty

NON DIMENTICATE...

- La *Trinità* di Botticelli
- *Le Déjeuner sur l'Herbe* di Manet
- Il *Nudo* di Modigliani
- *La Loge* di Renoir
- *Autoritratto con l'orecchio bendato* di Van Gogh

Cézanne, Degas, Gauguin, Henri Rousseau, Manet, Monet, Sisley, Renoir, Toulouse-Lautrec e Van Gogh. I dipinti degli artisti russi Wassily Kandinsky e Alexej Jawlensksy resteranno in prestito alla galleria ancora per qualche tempo. Somerset House (1775) ospita altre due importanti collezioni. Il Courtauld Institute gestisce attualmente le mostre nelle **Hermitage Rooms** insieme al Museo Statale dell'Hermitage di San Pietroburgo, mentre nella **Gilbert Collection**, all'ingresso di Victoria Embankment, sono esposti argenti e mosaici fiorentini.

Luoghi interessanti e attività

MUSEI

Dalle principali attrattive, come il superlativo National Maritime Museum e l'Imperial War Museum, fino alle mostre minori e insolite, Londra ha musei per tutti i gusti.

Cabinet War Rooms (3, D5)
Questo museo si trova nei bunker dove Winston Churchill, il suo gabinetto e i generali si incontravano durante la seconda guerra mondiale. Dal 2005 un nuovo Churchill Museum si aggiungerà alla Map Room perfettamente conservata e alla ricostruzione delle camere da letto.
☎ 7930 6961
🖥 www.iwm.org.uk
✉ Clive Steps, King Charles St SW1
£ £7/5,50, libero per i bambini 🕙 9.30-18 mag-set, 10-18 ott-apr
⊖ Westminster/St James's Park ♿ eccellente

Dali Universe (3, E5)
Pareti nere, luci soffuse e specchi caratterizzano questa galleria che si ispira al subconscio deliziosamente contorto dell'artista surrealista. Sono in mostra orologi molli, fuochi, stampelle, un telefono/aragosta, il divano a forma delle labbra di Mae West e altro ancora.
☎ 7620 2720
🖥 www.daliuniverse.com
✉ County Hall, Westminster Bridge Rd SE1, ingresso da Albert Embankment
£ £8,50/5-7,50, famiglie £24 🕙 10-17.30
⊖ Westminster/Waterloo

Design Museum (3, J5)
Espone le ultime invenzioni del design contemporaneo e ha un negozio che vende pezzi di assoluta perfezione estetica. Tra le mostre recenti ricordiamo quella dedicata alle calzature di Manolo Blahnik e all'architettura di avanguardia degli anni '60.
☎ 7940 8790
🖥 www.design museum.org ✉ 28 Shad Thames SE1 £ £6/4, famiglie £16 🕙 10-17.45
⊖ Tower Hill/London Bridge ♿ buono

Fashion & Textile Museum (3, J5)
Cosa c'è di meglio nella capitale dello street style che visitare le mostre a rotazione degli stilisti contemporanei, dei tessuti e degli accessori da sfilata, esposti in questo bell'edificio in stile mediterraneo?
☎ 7403 0222
🖥 www.ftmlondon.org
✉ 83 Bermondsey St SE1 £ £6/4 🕙 10-16.45 mar-dom ⊖ London Bridge ♿ eccellente

Geffrye Museum (2, H2)
Grazie alla sua sequenza di interni domestici ricreati in 14 ospizi di carità tutti collegati tra loro, che vanno dall'epoca elisabettiana alla fine del XX secolo, questo museo è assai più istruttivo di qualunque altra esposizione di mobili.
☎ 7739 9893
🖥 www.geffrye-museum.org.uk ✉ 136 Kingsland Rd E2 £ libero, è gradita un'offerta 🕙 10-17 mar-sab, 12-17 dom ⊖ London Bridge poi autobus 243 o treno per Dalston Kingsland ♿ eccellente

Imperial War Museum (3, F6)
Questo museo sarà apprezzato da tutti i pacifisti impegnati perché, accanto alla sua famosissima collezione di aerei, carri armati e altre attrezzature militari, impartisce anche una lezione di storia moderna. Tra le sezioni più interessanti ricordiamo la ricostruzione di una trincea della prima guerra mondiale, un rifugio antiaereo e la mostra dedicata all'Olocausto.
☎ 7416 5320/ 09001 600140
🖥 www.iwm.org.uk
✉ Lambeth Rd SE1
£ libero 🕙 10-18
⊖ Waterloo/Lambeth North ♿ buono

Kenwood House (2, D1)
Con la sua piccola collezione di dipinti di Gainsborough, Reynolds, Rembrandt, Turner e Vermeer, questa dimora neoclassica (1773), situata in un magnifico parco accanto a Hampstead Heath, offre un ritratto perfetto del mondo di Jane Austen.
☎ 8348 1286
🖥 www.english-heritage.org.uk ✉ Hampstead La NW3 £ libero 🕙 casa 10-17 apr-ott,

10-16 nov-marzo; parco
8-tramonto ✜ Archway/
Golders Green, poi auto-
bus 210 ⬤ buono

London's Transport Museum (6, F2)

Questo museo illustra
l'evoluzione dei trasporti di
Londra: dai carri trainati da
cavalli alla metropolitana,
alla Docklands Light Rail
(DLR) e all'ultramoderna
linea Jubilee.
☎ 7379 6344 o 7565 7299
(informazioni registrate)
🖳 www.ltmuseum.co.uk
✉ Covent Garden Piazza
WC2 💷 £5,95/2,50-4,50
🕓 10-18 sab-gio, 11-18
ven ✜ Covent Garden
⬤ buono

MCC Museum & Lord's Tour (2, C2)

Il trofeo Ashes non lascia
mai questo famoso campo
da cricket, con gran dispetto
delle squadre australiane
vincitrici. Il club, invece, è
andato contro la tradizione
costruendo un ufficio stampa
che assomiglia a una
navicella spaziale.
☎ 7432 1033
🖳 www.lords.org
✉ Marylebone Cricket
Club NW8 💷 £7/5,50
🕓 visite guidate 12 e 14,
e inoltre 10 apr-set ✜ St
John's Wood

Museum in Docklands (p45)

Nel tentativo di tracciare
la storia del Tamigi, questo
museo illustra molto bene
l'ansa sulla quale sorge,
dove negli anni '80 i vecchi
magazzini abbandonati
sono stati trasformati in un
centro finanziario.
☎ 7515 1162 🖳 www.
museumindocklands.org.uk

✉ No 1 Warehouse, West
India Quay E14 💷 £5/3,
libero per i bambini
🕓 10-17.30 ✜ Canary
Wharf o 🚉 DLR West
India Quay ⬤ buono

Museum of London (3, G3)

È uno dei musei preferiti
dai londinesi più accorti.
La storia della città viene
descritta attraverso più
di un milione di oggetti, che
spaziano dall'era glaciale
a internet, e comprendono
la ricostruzione delle vie
romane, una carrozza
dorata e un diorama
sul Grande Incendio.
☎ 7600 0807 🖳 www.
museumoflondon.org.uk
✉ London Wall EC2
💷 libero 🕓 10-17.50
lun-sab, 12-17.50 dom
✜ Barbican ⬤ eccellente

National Maritime Museum (5, B2)

Questo magnifico edificio
neoclassico di Inigo Jones
ospita una bellissima
collezione che potrà interessare anche chi non ama
particolarmente il mare. La
Neptune Court coperta da
una vetrata, la lancia reale
dorata del XVIII secolo, le sezioni dedicate ai transatlan-
tici *Passengers* e l'uniforme
indossata da Nelson quando
fu colpito a morte non sono
che alcune delle numerose
attrattive del museo.
☎ 8312 6565
🖳 www.nmm.ac.uk
✉ Romney Rd SE10
💷 libero, tariffe variabili
a seconda delle mostre
temporanee 🕓 10-18
apr-set, 10-17 ott-mar-
zo 🚉 DLR Cutty Sark
⬤ buono

Sherlock Holmes Museum (3, A2)

L'indirizzo è sbagliato
(Holmes viveva al 239) e
questo omaggio al detective
creato dalla fantasia di Sir
Arthur Conan Doyle è un po'
deludente. I modelli in cera
e i cimeli 'lasciati' da Watson
e Holmes sono pacchiani,
ma i fan del romanziere si
divertiranno comunque.
☎ 7935 8866
🖳 www.sherlock-
holmes.co.uk ✉ 221b
Baker St NW1 💷 £6/4
🕓 9.30-18 ✜ Baker St

Sir John Soane's Museum (6, F1)

L'architetto Soane (1753-
1837) riempì la sua casa di
statue, dipinti di Hogarth
(compresa la serie *Carriera
di un libertino*), un sarcofago
egizio, l'imitazione del par-
latorio di un convento e altri
objets d'art. La casa, rimasta
intatta, oggi è uno dei più
insoliti musei di Londra.
☎ 7405 2107
🖳 www.soane.org
✉ 13 Lincoln's Inn Fields
WC2 💷 libero, visite gui-
date £3 🕓 10-17 mar-sab,
e inoltre 19-21 il 1° mar del
mese, visite guidate 14.30
sab ✜ Holborn

Theatre Museum (6, F2)

Questa succursale del
Victoria & Albert Museum
espone costumi e manufatti
collegati alla storia del teatro, dell'opera e del balletto,
oltre a vari cimeli apparte-
nuti a grandi attori.
☎ 7943 4700 🖳 www.
theatremuseum.org ✉ 7
Russell St WC2 💷 libero
🕓 10-18 mar-dom
✜ Covent Garden
⬤ eccellente

GALLERIE D'ARTE

A Londra hanno sede alcune delle più interessanti gallerie d'arte del mondo. La Wallace Collection e la Dulwich Picture Gallery hanno collezioni permanenti, mentre le altre gallerie qui citate organizzano tutto l'anno delle spettacolari mostre temporanee.

Dulwich Picture Gallery (1, C2)

In parte galleria d'arte – la più antica del Regno Unito – e in parte tomba, questo edificio neoclassico (1814) fu progettato da Sir John Soane. Anche dopo la loro morte, i suoi fondatori (Noel Desenfans e Francis Bourgeois) non vollero lasciare i loro dipinti di Rembrandt, Rubens, Reynold e Gainsborough, e si fecero entrambi seppellire qui. Il nuovo annesso (2000) ospita mostre temporanee.
☎ 8693 5254 🖳 www. dulwichpicturegallery.org. uk ✉ Gallery Rd SE21 💷 £4/3, e inoltre £3 per le mostre 🕐 10-17 mar-ven, 11-17 sab e dom 🚇 West Dulwich ♿ buono

Hayward Gallery (3, E5)

A parte il nuovo foyer, nell'imponente galleria Hayward vi verrà voglia di scappare dalla brutta facciata in cemento per rifugiarvi negli interni modernisti che ospitano splendide mostre internazionali di arte sperimentale contemporanea.
☎ 0870 382 8000 (biglietti) o 7921 0930 (informazioni) 🖳 www.sbc.org.uk ✉ Belvedere Rd SW1 💷 tariffe variabili 🕐 orari variabili: di solito 10-18 lun-dom, fino alle 20 mar-mer, fino alle 21 ven ⊖ Waterloo ♿ buono

Institute of Contemporary Arts (3, C5)

Il fatto di essere sistemata in un edificio in stile Reggenza simile a una torta nuziale rende questa galleria ancora più interessante. Date un'occhiata alla magnifica Nash Room al piano superiore. Altrimenti visitate le mostre temporanee di pittura, fotografia, video, installazioni e architettura. Per una sosta vi consigliamo l'ottimo caffè dell'ICA.
☎ 7930 3647 🖳 www.ica. org.uk ✉ The Mall SW1 💷 tariffe variabili 🕐 12-19.30 ⊖ Charing Cross/Piccadilly Circus ♿ discreto

Photographers' Gallery (6, D2)

Questa galleria moderna è talmente piccola da utilizzare

Suggestiva scultura nel cortile della Royal Academy of Arts

le pareti del vicino caffè come spazio espositivo, ma è comunque molto influente. Tra i vincitori delle passate edizioni del suo Citigroup Photography Prize (che si svolge da gennaio a marzo) vanno citati Richard Billingham, Andreas Gursky, Boris Mikhailov e Jürgen Teller.

☎ 7831 1772
🖳 www.photonet.org.uk
✉ 5 e 8 Great Newport St WC2 £ libero
🕒 11-18 lun-sab, 12-18 dom ⊖ Leicester Sq/ Charing Cross ⛷ buono

Royal Academy of Arts (6, B3)

Sono previsti grandi ampliamenti di questa già monumentale galleria d'arte. La Summer Exhibition, aperta a tutti, ha luogo dai primi di giugno a metà agosto, ed è popolarissima.

☎ 7300 8000 o 7300 5760 (informazioni registrate) 🖳 www.royal academy.org.uk
✉ Burlington House, Piccadilly W1 £ tariffe variabili 🕒 10-18 lundom, fino alle 22 ven
⊖ Green Park
⛷ eccellente

Serpentine Gallery (2, C4)

La pianta lineare di questa ex casa da tè di Hyde Park è molto adatta alle installazioni artistiche, oltre che alle mostre di pittura e fotografia. Date un'occhiata al Summer Pavilion temporaneo, che ogni anno viene progettato da un famoso architetto.

☎ 7402 6075 🖳 www. serpentinegallery.org
✉ Kensington Gardens

Che cosa vedere e dove

Per informazioni sulle mostre in corso nelle gallerie di Londra, consultate **New Exhibitions of Contemporary Art** (www.newexhibitions.com).

(vicino all'Albert Memorial)
£ libero 🕒 10-18
⊖ South Kensington/ Knightsbridge
⛷ eccellente

Wallace Collection (3, A3)

La sua bellissima collezione di dipinti del XVII e XVIII secolo è scandalosamente trascurata da londinesi e turisti. In questa splendida dimora in stile italiano sono esposte opere di Rubens, Tiziano, Poussin, Frans Hals e Rembrandt.

☎ 7563 9500 🖳 www. wallacecollection.org
✉ Hertford House, Manchester Sq W1
£ libero 🕒 10-17 lunsab, 12-17 dom
⊖ Bond St ⛷ eccellente

Whitechapel Art Gallery (2, H3)

Ambienti art nouveau caratterizzano questa galleria, che fu la prima a far conoscere Frida Kahlo e Nan Goldin al pubblico inglese,

e che continua a stupire con le sue mostre su famosi architetti, interviste a registi di Hollywood e accattivanti opere d'arte. L'ampliamento – costato 10 milioni di sterline – dovrebbe aprire al pubblico nel 2007.

☎ 7522 7888
🖳 www.whitechapel.org
✉ 80-82 Whitechapel High St E1 £ tariffe variabili 🕒 11-18 mar-dom, fino alle 21 gio ⊖ Aldgate East ⛷ eccellente

White Cube (3, J1)

Poiché la Saatchi Gallery (p28) è ormai diventata un'istituzione, la modaiola galleria Hoxton di Jay Jopling è la nuova portavoce dell'arte inglese d'avanguardia, dove troverete i prossimi Tracey Emin o Damien Hirst.

☎ 7930 5373 🖳 www. whitecube.com ✉ 48 Hoxton Sq N1 £ libero
🕒 10-18 mar-sab
⊖ Old St ⛷ discreto

Una nuova sala della Whitechapel Art Gallery

EDIFICI E MONUMENTI IMPORTANTI

Alcuni elementi del profilo di Londra, come la Swiss Re Tower (3, J3) e il Millennium Dome (1, C1) a North Greenwich, si possono ammirare solo da lontano, mentre i seguenti sono apprezzabili anche da vicino.

Albert Memorial (2, C4)

Dedicato all'amore della regina Vittoria per il marito tedesco, questo monumento neogotico (1872) di Sir George Gilbert Scott risplende dopo i restauri degli anni '90.
☎ 7495 0916 ✉ Hyde Park, Kensington Gore SW7 £ visite guidate £3,50/3 ☼ visite guidate 14 e 15 dom ⊖ South Kensington ☼ buono

British Library (3, D1)

La nuova British Library (1998) ha suscitato qualche perplessità per la facciata in mattoni rossi, ma ha interni superbi. Solo i soci hanno accesso alla famosa collezione, mentre i documenti storici, compresa la Magna Carta, sono esposti al pubblico.
☎ 7412 7000/7332 💻 www.bl.uk ✉ 96 Euston Rd NW1 £ libero ☼ 9.30-18 lun-ven, fino alle 20 mar, 9.30-17 sab, 11-17 dom ⊖ King's Cross St Pancras ☼ eccellente

City Hall (3, J5)

La risposta di Londra al *Reichstag* (Parlamento) berlinese è stata soprannominata 'testicolo' ed è aperta al pubblico.
☎ 7983 4100 💻 www. london.gov.uk ✉ The Queen's Walk SE1 £ libero ☼ di solito due fine settimana al mese (controllate il sito), caffè 9-17 ⊖ Tower Hill/London Bridge ☼ eccellente

The Monument (3, H4)

Questa colonna in pietra alta 60 m, incoronata da un'urna fiammeggiante di bronzo dorato, fu progettata da Sir Christopher Wren per commemorare il Grande Incendio, sviluppatosi da una vicina panetteria nel 1666. I 311 gradini portano a una balconata panoramica.
☎ 7626 2717 ✉ Monument St EC3 £ £2/1 ☼ 9.30-17 ⊖ Monument

Old Royal Naval College (5, B2)

Questo capolavoro di Wren ospita oggi la University of Greenwich, ma è tuttora possibile ammirare gli affreschi della Painted Hall nel King William Building e la favolosa cappella del Queen Mary Building, di fronte.
☎ 8269 4747, 0800 389 3341 ✉ King William Walk SE10 £ libero ☼ 10-17 lun-sab, 12.30-17 dom 🚊 DLR Cutty Sark

Thames Flood Barrier (1, C1)

Questa barriera di chiuse a forma di vela costruita più di 25 anni fa è ancora futuristica e surreale, e potrebbe essere definita come una Sydney Opera House in stile marziano. Le 11 chiuse sono particolarmente suggestive se alzate, perciò telefonate per chiedere quando saranno nuovamente testate.
☎ 8305 4188 💻 www. environment-agency.co.uk ✉ 1 Unity Way SE18 £

libero, centro informazioni £1/50-75p ☼ 10.30-16.30 apr-set, 11-15.30 ott-nov ⊖ North Greenwich, o treno per Charlton e poi autobus 161, 177, 180 🚢 per/da Greenwich Pier (☎ 7930 4097; www.west minsterpier.co.uk)

Tower Bridge (3, J5)

Riconosciuto come il simbolo di Londra, questo ponte vittoriano ha degli ascensori che portano in cima alle sue torri gemelle alte 25 m. Dalle passerelle si ammira uno splendido panorama.
☎ 7940 3985 💻 www. towerbridge.org.uk ✉ Tower Bridge SE1 £ £4,50/3, famiglie £19,50 ☼ 10-18 apr-ott, dalle 10.30 nov-marzo ⊖ Tower Hill ☼ buono

Wellington Arch (3, B5)

Costruito nel 1826 per celebrare le vittorie di Wellington su Napoleone, questo arco contiene tre piani di spazi espositivi e una piattaforma panoramica con spettacolari vedute sul parco e le Houses of Parliament.
☎ 7930 2726 💻 www. english-heritage.org.uk ✉ Hyde Park incrocio con W1 £ £3/1,80-2,50; biglietto cumulativo con il Wellington Museum (v. p38) £6/3-5, famiglie £15 ☼ 10-17 mer-dom apr-ott, fino alle 16 mer-dom nov-marzo ⊖ Hyde Park Corner ☼ buono

CHIESE E CATTEDRALI

St Bartholomew-the-Great (3, G3)
È una delle chiese più antiche di Londra e probabilmente anche la più suggestiva: compare nel film *Quattro matrimoni e un funerale*. Le arcate normanne incorniciano un interno dalle luci soffuse.
☎ 7606 5171
▦ www.greatstbarts.com
✉ West Smithfield EC1
🕐 8.30-17 mar-ven, 10.30-13.30 sab, 8-20 dom
⊖ Barbican/Farringdon
♿ buono

St Bride's (3, F3)
St Bride's (progettata da Wren nel 1671) è definita la chiesa dei giornalisti, anche se l'industria della stampa ha da tempo lasciato Fleet St. Sotto la sua guglia a forma di torta nuziale, alcune targhe ricordano i giornalisti morti in servizio.
☎ 7427 0133
✉ Fleet St EC4 🕐 8-16.45 lun-ven, 10-15 sab
⊖ St Paul's oppure
🚉 Blackfriars/City Thameslink ♿ discreto

St Martin-in-the-Fields (6, D3)
Uno dei primi capolavori settecenteschi di James Gibbs, questa celebre chiesa in Trafalgar Square si trova in una posizione talmente bella da farsi protagonista di uno degli scorci più belli di Londra. La sua tradizione di assistenza ai poveri risale alla prima guerra mondiale.
☎ 7766 1109
▦ www.stmartin-in-the-fields.org ✉ Trafal-

gar Sq WC2 🕐 8-18.30
⊖ Charing Cross

St Mary-le-Bow (3, G3)
Le campane di questa chiesa (Wren, 1673) dettano le regole per essere un cockney: chi è nato in un quartiere dove si odono i loro rintocchi può definirsi cockney autentico.
Lo slanciato campanile è particolarmente suggestivo.
☎ 7248 5139 ▦ www.stmarylebow.co.uk
✉ Cheapside EC2
🕐 6.30-18 lun-gio, 6.30-16 ven ⊖ Bank/St Paul's

St Stephen Wallbrook (3, H4)
Piccolo predecessore della St Paul's Cathedral, questo edificio arioso e luminoso (1679) ha 16 pilastri corinzi a sostegno del tetto e della cupola. Al centro si trova un altare rotondo, scolpito da Henry Moore, soprannominato il 'camembert' per via della sua forma.
☎ 7283 4444
✉ 39 Walbrook EC3
🕐 10-16 lun-gio, 10-15 ven ⊖ Bank ♿ buono

Southwark Cathedral (3, H4)
La spesso trascurata 'Cenerentola delle cattedrali londinesi' è un connubio di stili medievali e vittoriani, con un monumento a Shakespeare e alcune esposizioni multimediali su Southwark e dintorni negli ultimi 2000 anni.
☎ 7367 6700
▦ www.dswark.org
✉ Montague Close SE1

£ libero, richiesta un'offerta di £4; mostre £3/1-2,50 🕐 8-18, preghiera della sera 17.30 lun-ven, 16 sab, 15 dom
⊖ London Bridge
♿ buono

Temple Church (3, F3)
L'unica chiesa londinese a pianta rotonda fu costruita dagli schivi Cavalieri Templari nel 1185, e i suoi orari assai variabili sono misteriosi quanto i fondatori, perciò vi consigliamo di telefonare.
☎ 7353 8559 ▦ www.templechurch.com
✉ King's Bench Walk, Inner Temple EC4
🕐 11-18 mer-ven, 11-14.30 sab, 12.45-14.45 dom
⊖ Temple/Blackfriars
♿ buono

Westminster Cathedral (3, C6)
Sede della chiesa cattolica inglese, è l'unico esemplare interessante di architettura neobizantina a Londra. Il panorama dal suo caratteristico campanile a strisce alternate di mattoni rossi e pietra bianca è fenomenale.
☎ 7798 9055
▦ www.westminstercathedral.org.uk
✉ Victoria St SW1
£ libero; torre £2/1, famiglie £5
🕐 cattedrale 7-19 lun-ven, 7-20 sab e dom; torre 9.30-17 apr-set, 9.30-17 gio-dom nov-marzo
⊖ Victoria
♿ buono
(solo cattedrale)

PARCHI E GIARDINI

Battersea Park (2, D6)

La Japanese Peace Pagoda, lo zoo per i bambini e le barche a noleggio (£4,60) sono tutte buone ragioni per visitare questo parco di 50 ettari con laghi e prati, che si estende tra i ponti Albert e Chelsea.

☎ 8871 7534
✉ Albert Bridge Rd SW11 ⏲ alba-tramonto
🚇 Battersea Park/ Queenstown Rd (Battersea) ♿ eccellente

Chelsea Physic Garden (2, D6)

Creata nel 1673 dalla corporazione dei farmacisti per studiare il rapporto tra botanica e medicina, quest'oasi di pace è uno dei più antichi giardini botanici d'Europa.

☎ 7352 5646 💻 www. chelseaphysicgarden.co.uk
✉ 66 Royal Hospital Rd

SW3 (ingresso da Swan Walk) £ £5/3
⏲ 12-17 mer apr-ott, 14-18 dom (12-17 lun-ven durante il Chelsea Flower Show di maggio)
🚇 Sloane Sq
♿ eccellente

Greenwich Park (5, B3)

In parte opera di Le Nôtre, autore di Versailles, questo parco vanta, tra varie altre attrattive, un grande viale, un delizioso roseto e il Royal Observatory (v. p27). Si estende sul fianco di una collina, con un bellissimo panorama sugli edifici di Inigo Jones e su Canary Wharf, dalla parte opposta del fiume.

☎ 8858 2608 ✉ King William Walk SE10
⏲ 7-tramonto
🚇 DLR Cutty Sark
♿ buono

Hampstead Heath (2, D1)

Laghetti, piazzole da picnic e parchi gioco sono disseminati in questo parco di 320 ettari, in parte selvaggio, dove si trova anche la

Flora e fauna di Londra

Oltre al Wetland Centre, Londra conta oltre 50 riserve naturali gestite dal **London Wildlife Trust** (☎ 7261 0447; www.wildlondon.org.uk). Nella Battersea Park Nature Reserve ci sono diversi percorsi naturalistici, mentre alcune zone di Hampstead Heath sono state definite Siti di particolare interesse scientifico (SSSI) per la loro ricchezza di storia naturale.

Una piacevole sosta durante una giornata al Regent's Park

Kenwood House (v. p30). Il punto più alto è Parliament Hill, che offre un panorama unico su Londra ed è un popolare luogo di ritrovo per far volare gli aquiloni.

☎ 7485 4491
✉ Hampstead Heath NW3 ⏱ 24 ore su 24
⊕ Hampstead oppure
🚇 Gospel Oak/ Hampstead Heath
♿ eccellente

Hyde Park (2, C4)
Questo parco di 145 ettari è il più vasto di Londra. Durante il regno di Enrico VIII fu una tenuta di caccia per sovrani e aristocratici, e in seguito teatro di duelli, esecuzioni, corse di cavalli e sede della Grande Esposizione del 1851. Oggi in estate è affollato di gente che prende il sole e va in barca sulla Serpentine. In Park Lane vedrete l'elaborata Queen Elizabeth Gate.

☎ 7298 2100
✉ Hyde Park W2
⏱ 5.30-24 ⊕ Hyde Park Corner/Knightsbridge/ Lancaster Gate/Marble Arch ♿ eccellente

Regent's Park (3, A1)
Come molti parchi londinesi, anche questo fu inizialmente una tenuta di caccia reale, poi trasformata in zona agricola e quindi rinata come luogo di svago nel XVIII secolo. Vi si trovano il London Zoo (p41), il Grand Union Canal e un teatro all'aperto.

☎ 7486 7905
✉ Regent's Park NW1
⏱ alba-tramonto
⊕ Baker St/Regent's Park ♿ eccellente

Dite la vostra
Ogni domenica allo **Speaker's Corner** (3, A4), immediatamente a sud di Marble Arch in Hyde Park, chiunque si procuri un palcoscenico di fortuna può tenere un comizio su qualsiasi argomento: dite tutto ciò che pensate senza remore, come i londinesi eccentrici usano fare in questo spazio.

Richmond Park (1, C1)
Richmond Park è uno dei più vasti (1000 ettari) e selvaggi spazi all'aperto di Londra e ospita volpi, tassi, cervi e altri animali selvatici. È anche un posto ideale per il bird-watching.

☎ 8948 3209
✉ Richmond, Surrey
⏱ 7-tramonto marzo-set, 7.30-tramonto ott-feb
🚇 Richmond
♿ eccellente

St James's Park (3, C5)
Il più ordinato e regale dei parchi londinesi vanta un bellissimo panorama di Westminster, Buckingham Palace e St James's Palace.

☎ 7930 1793
✉ The Mall SW1
⏱ 5-tramonto
⊕ St James's Park/ Charing Cross
♿ eccellente

Wetland Centre (2, A6)
Il più grande progetto palustre d'entroterra europeo fu

L'angolo dell'oratore sotto gli alberi dell'Hyde Park

creato nel 2000 da quattro bacini di epoca vittoriana e ospita 130 specie di avifauna e 300 di farfalle e falene.

☎ 8409 4400 🖥 www. wetlandcentre.org.uk
✉ Queen Elizabeth's Walk SW13 £ £6,75/4-5,50, famiglie £17,50
⏱ 9.30-18 estate, 9.30-17 inverno ⊕ Hammersmith, poi autobus 283 (Duck Bus) ♿ eccellente

Londra in fiore
Gli amanti delle piante esotiche non devono perdersi i Kew Gardens (p21), ma anche gli altri troveranno nei parchi di Londra numerose specie di alberi, piante e fiori da giardino. Molti londinesi vanno fieri dei propri giardini privati, alcuni dei quali sono aperti al pubblico per qualche giorno ogni anno (di solito da maggio a settembre) grazie al **National Gardens Scheme** (☎ 01483-211535; www.ngs.org.uk).

DIMORE CELEBRI

Carlyle's House (2, C6)
Il saggista Thomas Carlyle scrisse la storia della Rivoluzione Francese in questa casa stile regina Anna.
☎ 7352 7087 ✉ 24 Cheyne Row SW3 £ £3,80/1,80 ⏲ apr-primi di nov, 11-17 mer-dom ⊖ Sloane Sq

Dickens' House (3, E2)
È l'unica residenza superstite tra le molte dove visse il grande romanziere vittoriano. Qui in soli due anni (1837-39) Dickens scrisse *Il circolo Pickwick*, *Nicholas Nickleby* e *Oliver Twist*.
☎ 7405 2127 ⌨ www.dickensmuseum.com ✉ 49 Doughty St WC1 £ £5/3-4, famiglie £14 ⏲ 10-17 lun-sab, 11-17 dom ⊖ Russell Sq

Dr Johnson's House (3, F3)
Questa signorile casa georgiana ben conservata ospitò il grande lessicografo che disse: 'Chi è stanco di Londra è stanco della vita'.
☎ 7353 3745 ⌨ www.drjohnsonshouse.org ✉ 17 Gough Sq EC4 £ £4/1-3, famiglie £9 ⏲ 11-17.30 lun-sab mag-set, 11-17 lun-sab ott-apr ⊖ Blackfriars

Eltham Palace (1, C1)
Enrico VIII visse sotto le travi della sala medievale, ma la caratteristica più stupefacente di questo edificio è la casa accanto in stile Art Deco, costruita per un membro della famiglia Courtauld negli anni '30.

☎ 8294 2548 ⌨ www.english-heritage.org.uk ✉ Court Rd SE9 £ £7/3,50-5,30, famiglie £17,50 ⏲ 10-17 mer-ven e dom apr-set, 10-16 mer-ven e dom ott-Natale e feb-marzo, chiuso gen ⊕ Eltham ♿ buono

Freud Museum (2, C1)
Sigmund Freud trascorse gli ultimi 18 mesi della sua vita in questa casa, dopo essere fuggito da Vienna occupata dai nazisti. Ci sono il sofà, i libri e i manufatti greci e orientali del padre della psicanalisi.
☎ 7435 2002 ⌨ www.freud.org.uk ✉ 20 Maresfield Gardens NW3 £ £5/2, libero per i bambini ⏲ 12-17 mer-dom ⊖ Finchley Rd ♿ discreto

Handel House Museum (3, B4)
Il primo museo londinese dedicato a un compositore vuole illustrare la vita e l'epoca di Händel, che visse qui dal 1723 fino alla morte, avvenuta 36 anni dopo.
☎ 7495 1685 ⌨ www.handelhouse.org ✉ 23-25 Brook St W1 £ £4,50/2-3,50 ⏲ 10-18 mar-sab, fino alle 20 gio, 12-18 dom ⊖ Bond St/Oxford Circus ♿ eccellente

Keats House (2, C1)
Seduto sotto un susino, il poeta romantico ebbe l'ispirazione per la sua poesia più nota, *Ode a un usignolo*. Per ridare all'edificio l'aspetto originario, il museo chiuderà tre mesi nella primavera del 2005; telefonate per chiedere informazioni.
☎ 7435 2062 ⌨ www.keatshouse.org.uk ✉ Wentworth Pl, Keats Grove NW3 £ £3/1,50, libero per i bambini ⏲ 12-16 mar-dom nov-marzo, 12-17 mar-dom fine marzo-ott; visite guidate su appuntamento solo 10-12 ⊖ Hampstead oppure ⊕ Hampstead Heath

Wellington Museum (3, B5)
Residenza del duca di Wellington dal 1817 al 1852, la splendida Apsley House settecentesca che si affaccia su Hyde Park Corner conserva mobili e collezioni originali.
☎ 7499 5676 ⌨ www.english-heritage.org.uk ✉ 149 Piccadilly W1 £ £4,50/2,30-3, biglietto cumulativo con il Wellington Arch (p34) £6/3-5, famiglie £15 ⏲ 10-18 mar-dom apr-ott, 10-17 mar-dom nov-marzo ⊖ Hyde Park Corner ♿ discreto

Targhe blu
La tradizione di apporre targhe di colore blu alle case dei londinesi famosi ebbe inizio nel 1866. In passato i criteri per l'attribuzione di tale onore prevedevano che il candidato fosse morto da almeno vent'anni, nato almeno 100 anni prima, e noto al 'passante bene informato'.

LONDRA INSOLITA

Dennis Severs' House (3, J2)

Questa casa settecentesca restaurata è arredata in modo originale con i cimeli di una famiglia di tessitori di seta ugonotti, che talvolta si 'odono' parlare. Suggestive le visite guidate del lunedì sera a lume di candela.

☎ 7247 4013 🖳 www.dennissevershouse.co.uk ✉ 18 Folgate St E1 £ dom/lun/lun sera £8/5/12 🕙 12-14 1ª e 3ª dom del mese e i lun che seguono, visite guidate orari variabili ⊖ Liverpool St

Greenwich Foot Tunnel (5, A2)

Per attraversare il Tamigi basta scendere un centinaio di gradini nei pressi del Greenwich Pier o in fondo a Island Gardens, verso nord, e attraversare questo tunnel pedonale vittoriano che passa sotto il fiume.

✉ Greenwich Pier £ libero 🕙 24 ore su 24, ascensore 7-19 lun-sab, 10-17.30 dom 🚉 DLR Cutty Sark/Island Gardens 🕭 buono

Highgate Cemetery (2, E1)

Nel settore orientale di questo Valhalla vittoriano riposano il comunista Karl Marx e il filosofo Herbert Spencer, insieme ai romanzieri George Eliot (ovvero Mary Anne Evans), allo scienziato Michael Faraday e altri ancora. Al settore occidentale, coperto di edera, si accede solo con visite guidate; telefonate per maggiori informazioni.

☎ 8340 1834 ✉ Swain's La N6 £ £2/1, visite guidate £3/1 🕙 10-17 lun-ven, 11-17 sab e dom apr-ott, 10-16 lun-ven, 11-16 sab e dom nov-marzo ⊖ Highgate 🕭 buono

Jubilee Line Extension (3, D5)

Forse penserete che sia una follia considerare una qualunque parte della malandata metropolitana londinese come un'attrazione turistica, ma le nuovissime stazioni della linea Jubilee a est di Westminster – in particolar modo Southwark, Canary Wharf e North Greenwich – dimostrano quali meraviglie possano fare gli investimenti.

🕙 5.30-24 ⊖ Westminster

London Dungeon (3, H5)

Brivido! Terrore! Raccapriccio! È la reazione che si prova vedendo la folla in attesa davanti a questa mega-casa dell'orrore, molto popolare ma di cattivo gusto. All'interno, i personaggi sporchi di salsa di pomodoro pendono dal patibolo, muoiono di peste e subiscono ogni sorta di violenze, torture e disastri che si abbatterono nei secoli su Londra.

☎ 7403 7221 o 09001 60 00 66 (informazioni registrate) 🖳 www.thedungeons.com ✉ 28-34 Tooley St SE1 £ £14,50/9,75-12,75 🕙 10-18.30 apr-set, 10-17.30 ott-marzo ⊖ London Bridge 🕭 buono

Monumento funebre all'Highgate Cemetery

Old Bailey (Central Criminal Court; 3, F3)

Osservate la giustizia inglese al lavoro in questo tribunale dove furono processati Oscar Wilde, Jeffrey Archer e i gemelli Kray. Le norme di sicurezza sono severe ma non ci sono armadietti, quindi presentatevi senza macchina fotografica, cellulari, borse di grandi dimensioni o cibo.

☎ 7248 3277 ✉ incrocio Newgate St e Old Bailey St £ libero 🕙 10-13 e 14-17 lun-ven ⊖ St Paul's

Old Operating Theatre & Herb Garret (3, H5)

Gli strumenti chirurgici del 1800 sono più spaventosi del London Dungeon, perciò ringrazierete il cielo per i progressi compiuti dalla medicina moderna. Nella soffitta sono esposte le erbe medicinali.

☎ 7955 4791 🖳 www.thegarret.org.uk ✉ 9a St Thomas St SE1 £ £4/2,50-3, famiglie £10 🕙 10.30-17 ⊖ London Bridge

LONDRA PER I BAMBINI

Dalla linea informativa di **Visit London** (☎ 09068 663344; 60p al minuto), i più piccoli potranno ascoltare la descrizione delle attrattive londinesi.

Bethnal Green Museum of Childhood (2, J2)

I giocattoli in mostra offrono un nostalgico colpo d'occhio sull'infanzia, con un fugace accenno al contemporaneo. Cavalli a dondolo, bambole d'epoca, zootropi e meccani faranno esclamare ai bimbi: 'Erano questi i giocattoli prima della Playstation?'.
☎ 8980 2415
🖳 www.museumofchild hood.org.uk
✉ Cambridge Heath Rd E2 £ libero, zone gioco £1,80 ⏲ 10-17.50 sab-gio
⊖ Bethnal Green
♿ buono

Cutty Sark (5, A2)

Il veliero *Cutty Sark* è il posto ideale per un fine settimana estivo, quando ci sono cantastorie in costume e cori di marinai, anche se la collezione di polene colorate renderà felici i bambini in qualunque periodo dell'anno.
☎ 8858 3445
✉ Cutty Sark Gardens, King William Walk SE10

Baby-sitting

Per una pausa senza bimbi intorno, contattate **Childminders** (3, A2 ☎ 7935 2049 giorno, 7935 3000 notte, 7487 5040 informazioni registrate; www.babysitter.co.uk; 6 Nottingham St W1).

£ £3,95/2,95, famiglie £9,80 ⏲ 10-17
🚇 DLR Cutty Sark

Golden Hinde (3, H4)

Questa copia di galeone del XVI secolo piace moltissimo ai bambini, soprattutto perché è stata progettata per una ciurma (quella medievale) di bassa statura. Ispirata alla nave con la quale Francis Drake circumnavigò per la prima volta il globo, ha dormitori elisabettiani (£33 per persona) e organizza feste a tema per i bambini.
☎ 7403 0123 o 0870 011 8700 (dormitori e feste a tema) 🖳 www.goldenh inde.co.uk ✉ Cathedral St SE1 £ £2,75/2-2,35, famiglie £8 ⏲ 9-17.30
⊖ London Bridge

HMS Belfast (3, J4)

Grande incrociatore in attività durante la seconda guerra mondiale, è un altro museo navale adatto a ogni età.
☎ 7940 6300
🖳 www.iwm.org.uk/ belfast ✉ Morgan's La, Tooley St SE1 £ £6/4,40, libero per i bambini ⏲ 10-18 marzo-ott, 10-17 nov-feb
⊖ London Bridge

London Aquarium (3, E5)

Tra le vasche nei corridoi bui è difficile stabilire se sono i bambini a osservare gli esotici pesci colorati o viceversa. Le mante si possono persino accarezzare e ci sono anche tartarughe d'acqua dolce.
☎ 7967 8000
🖳 www.londonaquarium. co.uk ✉ County Hall, Westminster Bridge Rd SE1, ingresso da Albert Embankment £ £8,75/5,25-6,50, famiglie £25 ⏲ 10-18
⊖ Westminster/ Waterloo

London IMAX Cinema (3, E5)

Con il suo schermo largo 26 m e alto 10 piani, e 485 posti a sedere, il più grande

Piccoli fantini in passeggiata nei parchi di Londra

Parchi gioco

Questi due parchi gioco situati nel centro di Londra sono particolarmente popolari e ben attrezzati:

- **Coram's Fields** (3, E2 ☎ 7837 6138; 93 Guilford St WC1 ☼ 9-20 estate, 9-tramonto inverno ⊖ Russell Sq)
- **Diana, Princess of Wales Memorial Playground** (2, C4 ☎ 7928 2117 o 7928 2141 per informazioni registrate; Black Lion Gate, Broad Walk, Kensington Gardens ☼ 10-20 estate, 10-tramonto inverno ⊖ Queensway/Bayswater)

cinema IMAX in Europa proietta i classici documentari su viaggi, natura e spazio.
☎ 7902 1234
🖳 www.bfi.org.uk/imax
✉ 1 Charlie Chaplin Walk SE1 £ £7,50/4,95-6,20, più £1 per la prenotazione, ulteriori film £4,20 ciascuno ☼ 7 proiezioni tutti i giorni 13-21, altre 2 10.30 e 11.45 ven e sab ⊖ Waterloo

London Trocadero (6, C3)

Il volume di questo centro ricreativo è altissimo: sei piani di videogame e giostre high-tech, con il parco coperto a tema Funland.
☎ 7292 3636 (Funland)
🖳 www.londontrocadero.com
✉ Piccadilly Circus W1
£ ogni giostra £2
☼ 10-24 dom-gio, 10-1 ven e sab ⊖ Piccadilly Circus ♿ buono

London Zoo (4, A3)

Questo zoo ha un approccio didattico nella sua popolare mostra Web of Life, e si occupa soprattutto delle tecniche di conservazione e riproduzione che hanno contribuito a salvare dall'estin-

zione alcune specie. I suoi abitanti più famosi, però, restano i pinguini che sguazzano nella piscina opera dell'architetto Berthold Lubetkin.
☎ 7722 3333
🖳 www.londonzoo.co.uk
✉ Regent's Park NW1
£ £13/9,75-11, famiglie £41
☼ 10-17.30 mar-ott, 10-16 nov-feb ⊖ Camden Town/Chalk Farm ♿ buono

Ragged School Museum (2, J3)

Questo museo vuole offrire una lezione di storia sociale riguardo al dottor J. Barnado e alla scuola libera da lui fondata nell'East End, ma ricrea anche una classe vittoriana dove gli insegnanti seguivano il metodo tradizionale. Telefonate per avere informazioni sulle lezioni.
☎ 8980 6405
🖳 www.raggedschoolmuseum.org.uk
✉ 46-50 Copperfield Rd E3 £ libero, richiesta un'offerta
☼ 10-17 mer-gio e 14-17 1ª dom del mese ⊖ Mile End

Woolwich Royal Arsenal (1, C1)

La potenza di fuoco del Woolwich Royal Arsenal ripropone l'esperienza degli artiglieri del secolo scorso: a dominare sono il rumore e le luci.
☎ 8855 7755
🖳 www.firepower.org.uk
✉ Royal Arsenal Woolwich SE18
£ £6,50/4,50-5,50
☼ 10-17
🚇 Woolwich Arsenal
♿ eccellente

City Farms

Per una nota rurale e per osservare dei veri animali in mezzo a una metropoli, visitate una delle fattorie londinesi che propongono, tra le varie attività, di andare a cavallo sui pony e dare da mangiare agli animali.

- **Hackney City Farm** (2, H2 ☎ 7729 6381; 1a Goldsmith's Row E2 ☼ 10-16.30 mar-dom ⊖ Bethnal Green)
- **Kentish Town City Farm** (2, D1 ☎ 7916 5420; 1 Cressfield Close, Grafton Rd NW5 ☼ 9.30-17.30 mar-dom ⊖ Kentish Town)
- **Surrey Docks Farm** (2, J4 ☎ 7231 1010; Rotherhithe St SE16 ☼ 9-17 mar-gio, 9-13, 14-17 sab e dom ⊖ Canada Water/Surrey Quays)

Gite

ITINERARI A PIEDI
A spasso per Whitehall

Partite da **St James's Palace** (**1**), residenza del principe Carlo. Costeggiate il lato orientale lungo Marlborough Rd per arrivare a **The Mall** (**2**), con **Buckingham Palace** (**3**; p23) a sud-ovest. Entrate in **St James's Park** (**4**; p37), attraversate il ponte pedonale e seguite il grande lago fino all'estremità orientale. Svoltate a sud (destra) in Horse Guards Rd, superando le **Cabinet War Rooms** (**5**; p30).

Trafalgar Square

Proseguite verso sud e poi est (sinistra) in Great George St fino a Parliament Square e **Westminster Abbey** (**6**; p12). Dall'altra parte di St Margaret St ci sono le **Houses of Parliament** (**7**; p13) con la famosa torre dell'orologio, **Big Ben** (**8**; p13). Rifocillatevi al **Westminster Arms pub-restaurant** (**9** ☎ 7222 8520; 9 Storey's Gate SW1), a ovest dalla parte opposta della piazza.

Da Parliament Square, dirigetevi in direzione nord verso Whitehall, dove si affacciano gli imponenti edifici dei ministeri. Presso la casa a sinistra con la porta nera, **No 10 Downing St** (**10**), risiedono i primi ministri inglesi dal 1732. Più oltre, sulla destra, ecco la **Banqueting House** (**11**), ciò che rimane del Whitehall Palace dei Tudor, davanti al quale il 30 gennaio 1649 fu decapitato il re Carlo I, accusato di tradimento da Cromwell.

Si arriva infine a **Trafalgar Square** (**12**), con la **Colonna di Nelson** (**13**) al centro, la **National Gallery** (**14**; p14) e la **National Portrait Gallery** (**15**; p16) a nord e **St Martin-in-the-Fields** (**16**; p35) a nord-est. A sud-ovest si trova invece l'**Admiralty Arch** (**17**), eretto nel 1910 in onore della regina Vittoria.

distanza 3,5 km
durata 3 ore
▶ **inizio** ⊖ Green Park
● **fine** ⊖ Charing Cross

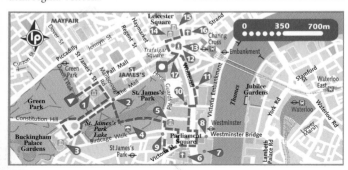

Senza fretta nell'East End

Uscendo dalla metro, date un'occhiata alla **stazione ferroviaria di Liverpool St** (**1**), restaurata di recente. Attraversate la strada e dirigetevi verso nord, svoltando poi a est in Folgate St, dove supererete l'insolita **Dennis Severs' House** (**2**; p39). Proseguite ancora verso est e svoltate a sud (destra) in Commercial St. A destra avrete lo **Spitalfields Market** (**3**; p54), aperto la domenica, e di fronte l'imponente **Christ Church, Spitalfields** (**4**), costruita nel 1729 dal pupillo di Sir Christopher Wren, Nicholas Hawksmoor, mentre a sinistra si trova il **Ten Bells pub** (**5** ☎ 7336 1721), frequentato da molte vittime di Jack lo Squartatore.

Continuate a est lungo Fournier St, ammirando le belle case georgiane dove nel XVIII secolo i tessitori francesi ugonotti si rifugiarono in seguito alle persecuzioni subite in patria.

In **Brick Lane** (**6**; p53) svoltate a nord (sinistra), e superate diversi locallini che propongono curry e vari negozi di tessuti, spezie e oggetti sacri islamici. Ai n. 91-95 vi sono la **Old Truman Brewery** (**7**), con originali negozi, e il popolare **Vibe Bar** (**8** ☎ 7377 2899), e più a nord la famosa **Brick Lane Beigel Bake** (**9** ☎ 7729 0616) al n. 159.

Ritornate sui vostri passi e proseguite verso sud fino al fondo di Brick Lane, svoltando in Whitechapel High St. Girate poi a nord-est (sinistra) e incamminatevi lungo la **Whitechapel Bell Foundry** (**10** ☎ 7247 2599; 32-34 Whitechapel Rd, visite guidate su appuntamento di 1 ora e mezzo (⏱ 10 sab; £8) dove sono state realizzate le campane del il Big Ben (1858), di St Paul's Cathedral e la Liberty Bell di Philadelphia (1752; celeberrimo simbolo dell'indipendenza americana).

distanza 2,5 km
durata 2 ore
▶ **inizio** ⊖ Liverpool St
◉ **fine** ⊖ Whitechapel

La famosa fonderia Whitechapel Bell Tovndrey

Quattro passi in Fleet St

Partite da Ludgate Circus e dirigetevi a ovest lungo Fleet St; sul lato sud (sinistro) ecco **St Bride's** (**1**; p35). Più a nord (destra) troverete il Wine Office Court, un vicolo che porta al **Ye Olde Cheshire Cheese pub** (**2**).

Continuate verso ovest e svoltate a nord (destra) in Dr Johnson's Court, arrivando alla **Dr Johnson's House** (**3**; p38). Poco oltre, lungo il lato meridionale di Fleet St, al n. 22 si trova la **Ye Olde Cock Tavern** (**4**), il pub più vecchio di questa via, nonché il preferito di Pepys, Dickens e T.S. Eliot. Proprio di fronte sorge **St Dunstan-in-the-West** (**5**), che scampò al Grande Incendio.

Il fiorito ingresso del famoso pub

Al n. 17 della via c'è la **Prince Henry's Room** (**6** ☎ 7936 2710; ingresso libero ⊗ 11-14 lun-sab), che vanta il più bel soffitto giacobiano a stucco di tutta Londra. Il passaggio ad arco conduce alla **Temple Church** (**7**; p35). La **statua di grifone** (**8**) al centro di Fleet St indica il sito dell'originale Temple Bar, dove la City of Westminster diventa City of London e inizia lo Strand.

Lungo il lato meridionale si trovano alcuni deliziosi vecchi edifici, come il **Wig & Pen Club** (**9**) ai n. 229-230, dove si davano appuntamento giornalisti e avvocati durante le udienze civili che si svolgevano nella neogotica **Royal Courts of Justice** (**10**), di fronte. Al centro della via sorge la **St Clement Danes Church** (**11**) le cui campane suonano alle 9, 12, 15 e 18 il ritornello 'Oranges e Lemons'. Più a ovest ecco **St Mary-le-Strand** (**12**), mentre a sud-ovest sorge la **Somerset House** (**13**; p29), con le meravigliose Courtauld Gallery, Hermitage Rooms e Gilbert Collection.

distanza 2,2 km
durata 2 ore e 30 min
▶ **inizio** ⊖ Blackfriars o St Paul's
● **fine** ⊖ Charing Cross, Embankment o Temple (chiuso dom)

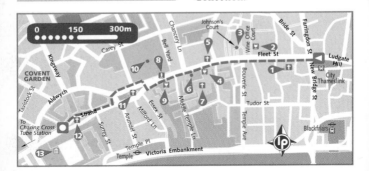

In giro per i Docklands

Si parte dalla **Tower of London** (**1**; p15) e si prosegue in direzione est verso il **Tower Bridge** (**2**; p34) fino a **St Katharine's Dock** (**3**), il primo dock di Londra ristrutturato (1968). Dal bacino, costeggiando il fiume a oriente lungo St Katharine's Way, si incontra **Wapping** (**4**), e oltrepassato l'**Execution Dock** (**5**) l'acciottolata Wapping High St conduce a Wapping New Stairs, dove furono impiccati alcuni pirati, tra cui il capitano William Kidd.

Dirigetevi poi a nord lungo Wapping Lane e tagliate per **St George-in-the-East** (**6**), progettata da Nicholas Hawksmoor nel 1726. Cannon St Rd sbuca in Cable St, dove in passato si producevano cordami. Dirigetevi a est verso l'ex **municipio** (**7**) – oggi biblioteca – con un murale che raffigura il tentativo delle Camicie Nere inglesi di intimidire la popolazione locale ebrea nel 1936. Entrate nel distretto di **Limehouse** (**8**) seguendo Cable St a est e nord fino a Commercial Rd, dove gli unici ricordi della prima Chinatown londinese (del XIX secolo) sono i nomi delle vie, come Ming St e Mandarin St.

Dirigetevi a est fino a West India Dock Rd, che porta a sud all'**Isle of Dogs** (**9**), dominata dal colosso alto 244 m di vetro e acciaio del **One Canada Square** (**10**), opera di Cesar Pelli e comunemente noto come Canary Wharf Tower. Il **Museum in Docklands** (**11**; p31) si trova sulla sponda opposta del canale verso nord, in uno dei vecchi magazzini lungo West India Dock. Dopo la visita del museo, dissetatevi con una birra in un bar della zona, per poi tornare indietro a Canary Wharf Tower e alla **stazione della metropolitana Canary Wharf** (**12**). Progettata da Sir Norman Foster nel 2000, è una delle più belle di Londra: le sue dimensioni ricordano il celebre film muto di Fritz Lang *Metropolis*, ed è un ottimo punto di partenza per esplorare il **prolungamento della linea Jubilee** (p39).

Il neo-gotico Tower Bridge

distanza 6,5 km
durata 3 ore e 45 min
▶ **inizio** ⊖ Tower Hill
● **fine** ⊖ Canary Wharf

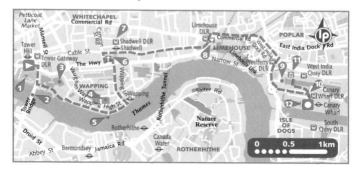

ESCURSIONI
Brighton   (1, C3)

Località balneare preferita dai londinesi, Brighton divenne popolare nel XVIII secolo quando il dissoluto Principe Reggente (futuro Giorgio IV) vi fece costruire un sontuosissimo palazzo estivo, il Royal Pavilion, come sede di lussuose feste. In seguito la sua atmosfera da luogo di amori illeciti fu esaltata dal romanzo di Graham Greene *Brighton Rock*, che descrive le gang degli anni '30, e dalle rivalità tra *mods* e rocker negli anni '60. Oggi questa cittadina è una delle più sofisticate del Regno Unito: si raggiunge facilmente da Londra ed è diventata un centro di insegnamento dell'inglese per stranieri, e nella quale risiedono Norman Cook (alias Fatboy Slim), Cate Blanchett, Julie Burchill e altri personaggi famosi. È inoltre prevista la costruzione di un museo sul lungomare, progettato da Frank Gehry (già autore del Guggenheim Bilbao).

Purtroppo, lo storico West Pier è in parte crollato nel 2002, ma sul Brighton Pier si trovano tuttora alcune vistose giostre. Acquistate un pezzetto del duro candito 'Brighton rock' e dedicatevi all'esplorazione delle eleganti boutique situate nelle viuzze chiamate The Lanes.

INFORMAZIONI

51 miglia (82 km) a sud di Londra

- 🚆 Victoria (40 treni rapidi al giorno, 50 min); King's Cross Thameslink, Blackfriars e London Bridge (1 ora)
- 🚌 National Express (ogni ora, 1 ora e 50 min)
- 💻 www.visitbrighton.co.uk
- ℹ️ TIC (☎ 0906 711 2255; Bartholomew Sq); Royal Pavilion (☎ 01273-290900; Pavilion Pde; £5,80/3,40-4, famiglie £15 ⏰ 10-17 ultimo ingresso, fino alle 16.30 ott-mag ♿ discreto)
- 🍴 Terre à Terre (☎ 01273-729051; 71 East St)

Il Palace Pier, noto localmente come Brighton Pier, è il simbolo di Brighton

Cambridge (1, C1)

Sebbene non abbia un soprannome nostalgico come la rivale Oxford – la città delle guglie sognanti – Cambridge è una cittadina universitaria altrettanto importante e splendida. Tra i numerosi personaggi di spicco che hanno lavorato e studiato qui meritano un cenno gli scopritori del DNA, Watson e Crick (e Franklin), e poeti tragici come Sylvia Plath.

Per quanto meno turistica e facile da visitare rispetto a Oxford, Cambridge è ricchissima di monumenti architettonici e apre al pubblico i suoi college più importanti. Solitamente, infatti, si è liberi di girovagare per i magnifici cortili, cappelle e biblioteche del Trinity College, dei St John's e King's college e di altri istituti. Durante il periodo degli esami, però, spesso le scuole sono chiuse (da metà aprile a fine giugno).

INFORMAZIONI

54 miglia (87 km) a nord di Londra

- 🚉 King's Cross St Pancras (ogni 30 min, 1 ora); Liverpool St (ogni 30 min, 55 min)
- 🚌 National Express (ogni ora, 2 ore)
- 🖥 www.cambridge.gov.uk
- ℹ️ TIC (☎ 0906 586 2526 o 01223 457 574 per le visite guidate; Wheeler St vicino a Market Sq; visite guidate di 2 ore £7,85/4 🕙 13.30); Fitzwilliam Museum (☎ 01223-332923; www.fitzmuseum.cam.ac.uk; Trumpington St; libero 🕙 10-17 mar-sab, 14.15-17 dom 🦽 buono)
- 🍴 Browns (☎ 01223-461655; 23 Trumpington St)

Punting

Un tipico passatempo di Cambridge consiste nello spingere una barca con la pertica (*punting*) lungo il fiume Cam. Le imbarcazioni si noleggiano da **Trinity Punts** (☎ 01223-338483; Garret Hostel La; £6 all'ora, cauzione £25) o da **Scudamore's** (☎ 01223-359750; Grant Pl; £12 all'ora, cauzione £60). Le escursioni con barcaiolo costano da £6 a £10 per persona.

Il Fitzwilliam Museum, fondato nel 1816, conserva un'importante collezione di antichi sarcofagi egizi e opere d'arte greca e romana nelle gallerie inferiori, e dipinti e disegni ai piani superiori, con opere di Tiziano, Veronese e Rubens.

In barca lungo il Cam, vicino al King's College

DAVID TOMLINSON

Hampton Court Palace (1, B2)

'Il palazzo più bello d'Inghilterra': così si dice della residenza di Enrico VIII sul fiume (1515), e dopo averlo visitato sarete forse d'accordo. Qui si trovano uno dei più bei soffitti medievali a travi di legno di tutto il Regno Unito (un altro famoso è nelle Houses of Parliament, v. p13), le più interessanti cucine d'epoca Tudor, i famosi giardini e il più celebre labirinto del mondo.

La scalinata all'interno della Porta di Anna Bolena conduce agli appartamenti di rappresentanza di Enrico VIII e alla Great Hall. Uscendo dalla Great Watching Chamber ecco la Haunted Gallery, che si dice frequentata dal fantasma della quinta moglie di Enrico, Catherine Howard. Gli appartamenti reali sono stati ampiamente restaurati.

All'esterno vedrete i meravigliosi Privy Gardens (v. foto) e il labirinto di carpini e tassi lungo mezzo miglio (800 m), creato nel 1690.

INFORMAZIONI

9 miglia (15 km) a ovest di Londra

- 🚆 Waterloo (ogni 30 min)
- 🚢 Westminster Pier (☎ 7930 4721; www.wpsa.co.uk; 3 tutti i giorni apr-set/ott, 3 ore e 30 min)
- ☎ 0870 752 7777; www.hrp.org.uk
- £ £11,80/7,70-8,70, famiglie £35, sconto £1 per prenotazioni; Privy Gardens £4/2,50; labirinto £3,50/2,50
- ☯ 10.15-17.15 ultimo ingresso lun, 9.30-17.15 ultimo ingresso mar-dom, 15.45 ultimo ingresso nov-marzo

GUY MOBERLY

Windsor Castle (1, B2)

Arroccato su un dirupo calcareo affacciato sul Tamigi, Windsor Castle è la residenza dei reali inglesi da più di 900 anni e uno dei più grandi castelli medievali tuttora esistenti. Tra le sue principali attrattive ricordiamo gli State Apartments (restaurati) e la St George's Chapel, bellissima cappella tardogotica che ospita numerose tombe di reali (tra i quali Giorgio III ed Enrico VIII). Oggi la famiglia reale trascorre il fine settimana nel castello, per cui alcune sue parti vengono a volte chiuse al pubblico (come la St George's Chapel di domenica).

In maggio e giugno (clima e altri eventi permettendo) si può assistere al cambio della guardia alle 11 dal lunedì al sabato (a giorni alterni da lunedì a sabato negli altri periodi dell'anno).

INFORMAZIONI

23 miglia (37 km) a ovest di Londra

- 🚆 da Waterloo a Riverside Station (ogni 30 min, 55 min); da Paddington a Windsor Central Station (ogni ora, 30 min)
- 🚍 Green Line bus (☎ 0870 608 7261; www.greenline.co.uk; 5-10 tutti i giorni, 1 ora)
- 🖥 www.the-royal-collection.org.uk
- ℹ TIC (☎ 01753-743900; www.windsor.gov.uk; 24 High St); castello(☎ 020 7766 7304; £12/6-10, famiglie £30, ridotto del 50% quando gli appartamenti di parata sono chiusi ☯ 9.45-16 ultimo ingresso, 15 ultimo ingresso nov-feb)
- 🍴 Francesco's (☎ 01753-863773; 53 Peascod St)

GITE ORGANIZZATE

Guide turistiche
Association of Professional Tourist Guides

I membri dell'APTG studiano due anni per ottenere l'ambita Blue Badge, perciò sono la *crème de la crème* delle guide turistiche inglesi. Scegliete un itinerario o fatevi consigliare da loro, ma ovviamente costano meno le visite di gruppo. Disponibili visite guidate in italiano.
☎ 7505 3073 ▣ www.touristguides.org.uk
£ mezza giornata/intera (inglese) £97/146, (altre lingue) £112/175

In bicicletta
London Bicycle Tour Company (3, F4)

Propone due escursioni in bicicletta: l'East tour (Globe Theatre, Tower Bridge, Tobacco Dock, l'East End, la City e St Paul's Cathedral); e il Royal West tour (Houses of Parliament, Lambeth Palace, Kensington e Chelsea, Royal Albert Hall, Buckingham Palace, St James's, Trafalgar Square e Covent Garden), che durano da 3 a 3 ore e mezzo ciascuna.
☎ 7928 6838 ▣ www.londonbicycle.com ✉ 1a Gabriel's Wharf, 56 Upper Ground SE1 £ compresa la bicicletta £14,95
☽ East tour 14 sab, Royal West tour 14 dom

Sull'acqua
City Cruises (3, D5)

City Cruises gestisce tutto l'anno un servizio di traghetti da Westminster Pier a Tower Pier e da Tower Pier a Greenwich, e dai quali i passeggeri possono scendere e risalire a qualunque fermata. Le imbarcazioni partono a intervalli di 20/40 minuti; ci sono partenze fino a tardi in estate e un minor numero di corse in inverno.
☎ 7740 0400 ▣ www.citycruises.com ✉ Westminster Pier SW1 £ £8,70/4,25, famiglie £23 ☽ 10-16.30 (più tardi giu-ago)

London Waterbus Company (4, B2)

Organizza escursioni di 90 minuti nel Regent's Canal, a bordo di una chiatta coperta, da Camden Lock a Little Venice, passando da Regent's Park e dal London Zoo.
☎ 7482 2660 (informazioni), 7482 2550 (prenotazioni) ▣ www.londonwaterbus.com ✉ 2 Middle Yard, Camden Lock NW1 £ sola andata £4,80/3,10, andata e ritorno £6,20/4 ☽ 10-17 (corse ogni ora, partenze

ogni 30 min dom) apr-ott, 10-15/16 (ogni ora) solo nel fine settimana nov-marzo

Westminster Passenger Services Association (3, D5)

I battelli WPSA risalgono il fiume da Westminster Pier ai Royal Botanic Gardens di Kew (1 ora e 30 min) e a Hampton Court Palace (3 ore e 30 min), in genere dalla fine di marzo/aprile a settembre/ottobre. Telefonate o consultate il sito web per gli orari esatti.
☎ 7930 4721
▣ www.wpsa.co.uk
✉ Westminster Pier SW1 £ Kew sola andata £9/4,50-6, andata e ritorno £15/7,50-10; Hampton Court Palace sola andata £12/6-8, andata e ritorno £18/9-12 ☽ Kew (via Putney) 10.15-14 (5 partenze) fine marzo-set/ott; Hampton Court Palace 10.30, 11.15, 12 apr-set/ott

---

Itinerari a piedi guidati

La sezione di annunci *Around Town* di *Time Out* riporta varie offerte: alcune escursioni molto popolari sono il Beatles' Magical Mystery Tour, Jewish London e, inevitabilmente, una visita sui passi di Jack lo Squartatore a Whitechapel. Le passeggiate durano circa 2 ore e costano orientativamente £5/4 adulti/ridotti.

Ecco alcune agenzie che organizzano itinerari a piedi con guida:
- **Citisights** (☎ 8806 4325; www.chr.org.uk/cswalks.htm)
- **Historical Tours** (☎ 8668 4019; www.historicalwalksoflondon.com)
- **London Walks** (☎ 7624 3978; www.walks.com)
- **Mystery Tours** (☎ 8558 9446; mysterywalks@hotmail.com)

In autobus
Original London Sightseeing Tour

La più nota compagnia locale percorre gli itinerari più battuti con autobus a due piani, dai quali potrete scendere e salire a piacere. Ecco alcuni comodi punti di partenza: Trafalgar Square; di fronte alla stazione della metro Baker St, vicino a Madame Tussaud's; Haymarket, a sud-est di Piccadilly Circus; Marble Arch (Speakers' Corner); e Grosvenor Gardens di fronte alla stazione Victoria.

☎ 8877 1722
🖳 www.theoriginal tour.com
£ £15/10 ☼ 9-19/20 in estate, 9/9.30-17/18 in inverno

In elicottero
Cabair Helicopters

Questa compagnia offre voli di 30 minuti in elicottero su Londra ogni domenica.

☎ 8953 4411
🖳 www.cabair.com
✉ Elstree Aerodrome, Borehamwood, Hertfordshire
£ £129

CHRIS MELLOR

Quasi come a Venezia...

Le 40 miglia (65 km) di canali londinesi, quasi tutti costruiti per l'industria all'inizio del XIX secolo, sono diventate un'attrazione turistica. Le 2 miglia e mezzo (4 km) del Regent's Canal (4, A3), che descrivono un cerchio attorno alla parte nord di Londra da Little Venice in Maida Vale a Camden Lock, passano vicino al London Zoo e a Regent's Park, e costituiscono un popolare itinerario per le comitive in barca. Per maggiori informazioni contattate **Waterfront** (☎ 01923-201101; www.waterscape.com), membro di British Waterways.

Tour specializzati
Black Taxi Tours of London

I tassisti di Londra dicono sempre la loro su qualunque argomento, e con queste escursioni in taxi potrete vedere le principali attrattive della città in un paio d'ore. Ognuno di questi taxi può accogliere fino a 5 persone.

☎ 7935 9363 🖳 www. blacktaxitours.co.uk
£ 8-18 £75, 18-24 £85

London Duck Tours (3, E5)

A bordo di un mezzo anfibio ispirato ai veicoli usati per la prima volta durante lo sbarco del D-day nella seconda guerra mondiale, si attraversano le vie del centro prima di tuffarsi nel Tamigi.

☎ 7928 3132 🖳 www. londonducktours.co.uk
✉ partenze da County Hall £ £16,50/11-13, famiglie £49 ☼ 10-18

Visite nei dintorni
Astral Tours

Visite a tema (per esempio: Shakespeare, l'Inghilterra di Jane Austen, re Artù e la cultura celtica) che comprendono una o più delle seguenti località: Bath, la regione dei Cotswolds, Leeds, Oxford, Salisbury, Avebury, Glastonbury e Stratford-upon-Avon. C'è anche una visita speciale alle zone chiuse al pubblico di Stonehenge. Di solito il minibus Astral passa a prendere i passeggeri in albergo. Nelle tariffe sono compresi tutti i biglietti d'ingresso.

☎ 0700 078 1016, 0870 902 0908 🖳 www.astral travels.co.uk £ gite in giornata £49-65

Golden Tours (3, B6)

Propone escursioni in pullman con partenza da 65 alberghi londinesi verso numerose destinazioni, comprese Althorp (dove riposa Diana, principessa di Galles), Windsor, Hampton Court Gardens, Oxford, Stratford, Bath e Stonehenge.

☎ 7233 7030 🖳 www. goldentours.co.uk ✉ 4 Fountain Sq, 123-151 Buckingham Palace Rd SW1 £ escursione di mezza giornata a Windsor e Runnymede £32/28, compreso l'ingresso al castello; ad Althorp £48/42

Shopping

Londra è da molti considerata un'autentica mecca dello shopping: la capitale offre, infatti, la possibilità di trascorrere ore e ore alla ricerca di un souvenir originale in una miriade di negozi, che cerchiate il classico tè inglese da Harrods, un capo di Burberry, un vestito di Savile Row o un look modaiolo e informale.

Certo, la capitale offre raramente quel rapporto qualità-prezzo che si trova per esempio a New York e, tuttavia, incoraggia in ogni modo i consumatori a spendere; lo fa con la gran scelta di negozi, con i magazzini di fama mondiale, e con i numerosi mercati: primo fra tutti quello di Camden, considerato una delle cinque attrattive principali della città.

In genere i negozi sono aperti dalle 9 o 10 alle 18 o 19 dal lunedì al sabato; restano aperti anche la domenica e fanno orario prolungato (fino alle 20 o 21) il giovedì di Covent Garden, Oxford St e Soho, e il mercoledì a Chelsea, Knightsbridge e Kensington.

L'edificio dei magazzini Harrods (p52)

Tranne alcune bancarelle nei bellissimi mercatini del fine settimana, le carte di credito sono accettate ovunque. In breve, se dovete fare una terapia a base di shopping, la capitale inglese è proprio quel che fa per voi!

Dove fare acquisti

Solitamente i turisti frequentano le affollate Oxford St e Covent Garden nel West End ma, eccetto alcune chicche come Topshop e Selfridges, in genere Oxford St si rivela una delusione (High St Kensington e la lussuosa King's Rd sono alternative migliori). D'altro canto, allontanandovi dagli splendidi negozi di lusso di Covent Garden, scoprirete interessanti boutique di abbigliamento, casalinghi e cibi in Floral St, come Monmouth Gardens, Shorts Gardens, Neal St e Neal's Yard.

In Regent St ci sono Liberty, Hamleys e un paio di marche inglesi come Aquascutum. A chi se lo può permettere, consigliamo Bond St, Sloane St o Knightsbridge per gli stilisti Burberry, Nicole Farhi, Emporio Armani, DKNY, Gucci, Prada e Louis Vuitton, mentre chi ama un look più informale e originale preferirà Hoxton o Clerkenwell, con i loro atelier di giovani stilisti, gioiellerie all'ultima moda e negozi di arredamento.

Acquisti nel West End

Alcune vie di Londra sono specializzate in articoli particolari:

- **Bond St** – abiti e accessori di stilisti
- **Cecil Court** – librerie antiquarie
- **Charing Cross Rd** – libri nuovi e di seconda mano
- **Denmark St** – spartiti, libri di musica, strumenti
- **Hanway St** – dischi di seconda mano
- **Savile Row** – abiti maschili su misura
- **Tottenham Court Rd** – attrezzature elettroniche e per computer, casalinghi

GRANDI MAGAZZINI

Alcuni grandi magazzini londinesi sono vere e proprie attrazioni turistiche: Harrods, Fortnum & Mason e 'Harvey Nicks' (Harvey Nichols), famoso grazie alla serie televisiva *Absolutely Fabulous*.

Fortnum & Mason (6, B4)

Non è necessario essere Scott in partenza per l'Antartico per acquistare i cesti di cibi e le insolite specialità di questo negozio, anche se l'esploratore fece provviste qui. L'abbigliamento occupa gli altri sei piani del negozio.

☎ 7734 8040 🖳 www. fortnumandmason.co.uk
✉ 181 Piccadilly W1
🕑 10-18.30 lun-sab
⊖ Piccadilly Circus

Harrods (2, D5)

Il suo proprietario, Mohammed Al-Fayed è una celebrità mondiale: un parco a tema per i fan dell'establishment inglese, dove i turisti si muovono lentamente tra i souvenir o vanno in estasi davanti ai fantastici banchi di alimentari. Nella Luxury Room del pianterreno sono in vendita orologi e borse, e imperdibile è l'opulenza della Egyptian Hall.

☎ 7730 1234 🖳 www.har rods.com ✉ 87-135 Brompton Rd SW1

🕑 10-19 lun-sab
⊖ Knightsbridge

Harvey Nichols (3, A5)

Tempio londinese dell'alta moda, questo grande magazzino ha una fantastica sezione alimentari al 5° piano, stravaganti profumi e gioielli, e tutte le grandi marche.

☎ 7235 5000 🖳 www. harveynichols.com
✉ 109-125 Knightsbridge SW1 🕑 10-19 lun-sab, fino alle 20 mer-ven, 12-18 dom ⊖ Knightsbridge

John Lewis (3, B3)

'Imbattuti nei prezzi' è il motto di questo negozio, il cui assortimento di casalinghi, tessuti e valigeria tende al classico.

☎ 7629 7711
🖳 www.johnlewis.co.uk
✉ 278-306 Oxford St W1 🕑 9.30-19 lun-ven, fino alle 20 gio, 9-18 sab
⊖ Oxford Circus

Liberty (6, A2)

Dietro la facciata in finto stile Tudor troverete le inimitabili sciarpe in seta e i tessuti stampati, oltre ad abiti di alta moda, cosmetici e biancheria intima.

☎ 7734 1234
🖳 www.liberty.co.uk
✉ 210-220 Regent St W1 🕑 10-18.30 lun-mer, fino alle 20 gio, fino alle 19 ven-sab, 12-18 dom
⊖ Oxford Circus

Marks & Spencer (3, A3)

M&S è tipicamente inglese quasi quanto le patatine fritte con il pesce, i fagioli sul toast e la birra tiepida, e quasi tutti lo frequentano per il reparto di biancheria intima.

☎ 7935 7954 🖳 www. marksandspencer.com
✉ 458 Oxford St W1 🕑 9-20 lun-ven, 9-19 sab, 12-18 dom
⊖ Marble Arch

Selfridges (3, A3)

Grande magazzino di Londra famoso per le sue vetrine. Propone ottimi banchi di alimentari, cosmetici e profumi, e un vasto assortimento di abbigliamento e accessori, comprese le borse DKNY, Joseph, Marc Jacobs, Prada, Anna Hindmarch e i portafogli Antoni & Alison.

☎ 7629 1234 🖳 www.sel fridges.co.uk ✉ 400 Oxford St W1 🕑 10-19 lun-mer, fino alle 20 giove-ven, 9.30-19 sab, 12-18 dom ⊖ Bond Street

---

Febbre da saldi

Lunghe attese di notte al freddo, clienti che si accalcano, fuggevoli apparizioni di celebrità... stiamo forse parlando del festival rock di Glastonbury? Neanche per sogno! È la descrizione di ciò che accade due volte all'anno a Londra durante la stagione dei saldi, a gennaio e luglio, quando davanti ai grandi magazzini si formano le code, a volte già dalla notte precedente. Se volete partecipare all'avvenimento, preparate il sacco a pelo.

MERCATI

Bermondsey (3, J6)
Secondo voci di quartiere, prima delle 8 questo mercato offre un ottimo assortimento di articoli di dubbia provenienza. Quindi potrete visitarlo non soltanto per i mobili e altre curiosità, ma anche per assistere a pepate scene di vita quotidiana.
☎ 7969 1500 ✉ Bermondsey Sq, incrocio Bermondsey St e Long La SE1 🕐 5-13 ven
⊖ Borough/Bermondsey

Brixton (2, F6)
Sottofondo di musica reggae, effluvi d'incenso nell'aria e occhi allietati dagli splendidi colori delle stampe africane e dai cappelli rastafariani: ecco l'atmosfera di questo mercato che vende anche alimentari — come la carne di capra, il pesce tilapia, i frutti esotici, le spezie e la canna da zucchero — e medicine omeopatiche, soprattutto in Electric Avenue e al coperto nella Granville Arcade.
✉ Reliance e Granville Arcades, Market Row, Electric La e Electric Ave SW9 🕐 8-18 lun-mar e gio-sab, 8-15 mer
⊖ Brixton

Camden (4, B2)
Nonostante il mercato di Camden abbia smesso di vendere merci alternative ormai molti anni fa, è rimasto una delle principali attrattive turistiche di Londra, nonché il suo mercato più popolare. È particolarmente frequentato durante

Curiosate con attenzione al Bermondsey!

il fine settimana, ma i negozi sono aperti quasi tutti i giorni. Ci sono vari settori: The Stables, in fondo a Chalk Farm, è generalmente considerato il migliore, grazie al suo miscuglio di antiquariato, oggetti asiatici, tappeti e coperte, mobili di pino e abbigliamento anni '50 e '60.
✉ Camden High St e Chalk Farm Rd NW1 🕐 10-18 sab e dom
⊖ Camden Town

Al mercato, al mercato!
Ecco altri interessanti mercati che si tengono nei pressi del centro di Londra:
- **Berwick St** (6, C2 🕐 8-18 lun-sab ⊖ Piccadilly Circus/Oxford Circus) Frutta e verdura.
- **Brick Lane** (3, J2 🕐 8-13 dom ⊖ Aldgate East) Sigarette continentali a poco prezzo sono la specialità di questa zona, insieme ad abiti, cibi, casalinghi e altre cianfrusaglie.
- **Borough** (3, H5; all'angolo tra Borough High St e Stoney St 🕐 9-18 ven, 9-16 sab ⊖ London Bridge) Jamie Oliver è il cliente più famoso di questo mercato di alimentari pukkah.
- **Columbia Rd** (3, J1 🕐 7-13 dom ⊖ Bethnal Green 🚇 Cambridge Heath oppure 🚌 26, 48 o 55) Viale meravigliosamente profumato dove sono in vendita fiori e piante.
- **Leadenhall** (3, H3; Whittington Av, a pochi passi da Gracechurch St EC1 🕐 7-16 lun-ven ⊖ Bank) Pesce fresco, carne e formaggio in un finto vicolo vittoriano, citato in *Harry Potter e la pietra filosofale*.
- **Smithfield** (3, F3; West Smithfield EC1 🕐 4-12 lun-ven ⊖ Farringdon) L'ultimo mercato di carne rimasto nel centro di Londra.

IVA

L'imposta sul valore aggiunto (nel Regno Unito VAT, Value-added Tax) ammonta al 17,5% per la maggior parte dei beni (eccetto alimentari, libri e abbigliamento per bambini) e dei servizi del Regno Unito. I cittadini UE non possono richiedere il rimborso dell'IVA per gli acquisti effettuati nei paesi dell'Unione Europea, mentre talvolta ciò è possibile per i cittadini non UE. Non tutti i negozi offrono questo servizio e le cifre minime per gli acquisti sono variabili (di norma circa £75). Chiedete informazioni al momento dell'acquisto.

Covent Garden (6, E2)

I negozi di Covent Garden Piazza sono aperti tutti i giorni, ma qui si tengono anche un paio di mercati. Il migliore è l'Apple Market nella North Hall, con artigianato di qualità tutti i giorni, mentre il lunedì in Jubilee Hall ha luogo un mercato di antiquariato e bric-a-brac; negli altri giorni c'è solo un mucchio di cianfrusaglie.

✉ Covent Garden Piazza WC2 ☻ Apple Market 9-17; Jubilee Market 9-15 lun, 9-17 mar-dom ✆ Covent Garden

Greenwich (5, B2)

Greenwich di solito è un posto valido per l'abbigliamento retró e il suo mercato coperto si è specializzato in vetri decorati, coperte, stampe, giocattoli in legno e altri oggetti di artigianato. Il giovedì ci sono anche bancarelle di antiquariato e curiosità.

✉ College Approach, King William Walk e Greenwich Church St SE10 ☻ 9.30-17.30 mer e ven-dom, 9-17 gio 🚆 DLR Cutty Sark

Petticoat Lane (3, J3)

Nonostante la sua fama, Petticoat Lane si è ridotta a vendere merce dozzinale, e qui i turisti finiscono per perdere tempo in una giungla di T-shirt e scarpe da ginnastica a poco prezzo.

✉ Middlesex St e Wentworth St E1 ☻ 8-14 dom (Wentworth St soltanto 9-14 lun-ven) ✆ Liverpool St

Portobello Road (2, B4)

Qui troverete antiquariato, gioielli fatti a mano, dipinti e oggetti etnici in fondo a Notting Hill Gate, prima che inizino le bancarelle di frutta e verdura, abiti usati, casalinghi economici e paccottiglia. Alcune bancarelle e negozi aprono tutti i giorni, ma per l'abbigliamento è meglio da venerdì a domenica. Il sabato c'è un mercato di antiquariato, mentre la domenica mattina in Portobello Green si tiene un mercatino delle pulci.

✉ Portobello Rd W10 ☻ 8-18 lun-mer, 9-13 gio, 7-19 ven, 6-17 sab, 6-14 dom ✆ Notting Hill Gate/Ladbroke Grove/Westbourne Park

Spitalfields (3, J2)

Situato in una bella posizione di fianco a Hoxton e relativamente nuovo rispetto a Camden e Portobello, Spitalfields è il mercato preferito dai giovani londinesi. All'interno di un enorme magazzino vittoriano, gli abiti degli stilisti del futuro, i mobili retró, candele biologiche e cianfrusaglie etniche sono in vendita accanto alle bancarelle di alimentari che propongono specialità thailandesi, turche, ecc. Il venerdì c'è un mercato di prodotti biologici.

✉ Commercial St E1 ☻ 9.30-17.30 dom ✆ Liverpool St/Shoreditch

Spitalfields, il mercato preferito dai giovani

ABBIGLIAMENTO E ACCESSORI

Agent Provocateur (6, C2)
Per la splendida biancheria intima femminile, vi consigliamo questo negozio dalla stuzzicante vetrina.
☎ 7439 0229 ⌨ www.agentprovocateur.com ✉ 6 Broadwick St W1 ☽ 11-19 lun-sab ⊖ Oxford Circus

Aquascutum (6, B3)
Ve l'abbiamo detto che a Londra piove spesso? Niente paura. I giubbotti da marinaio e le giacche a vento vecchio stile di questa roccaforte della moda inglese vi aiuteranno a proteggervi dagli elementi naturali.
☎ 7675 8200 ⌨ www.aquascutum.co.uk ✉ 100 Regent St W1 ☽ 10-18.30 lun-sab, fino alle 19 gio, 12-17 dom ⊖ Piccadilly Circus

Burberry (6, A3)
Patria del tartan, Burberry gode di una nuova popolarità come griffe di moda. Borse, giacche, gonne, camicie, scamiciati e vari accessori si possono acquistare a prezzi scontati nel **Burberry Factory Shop (2, J1)**
☎ 8985 3344; 29 Chatham Palace E9 ▣ Hackney Central o ⊖ Bethnal Green, poi autobus 106 o 256 per Hackney Town Hall)
☎ 7839 5222 ✉ 21-23 New Bond St SW1 ☽ 10-19 lun-sab, 12-18 dom ⊖ Bond St/Oxford Circus

Cyberdog (6, D2)
T-shirt, pantaloni e altri capi cult stampati a colori fluorescenti rendono questo negozio una tappa da non perdere prima di una serata in discoteca.
☎ 7836 7855 ⌨ www.cyberdog.net ✉ 9 Earlham St WC2 ☽ 11-19 lun-sab, 12-18 dom ⊖ Covent Garden

Duffer of St George (6, E1)
Camicie e classici abiti italiani insieme a jeans e T-shirt firmati per questo caposaldo dell'abbigliamento maschile londinese.

☎ 7836 3722 ⌨ www.thedufferofstgeorge.com ✉ 29 Shorts Gardens WC2 ☽ 10-19 lun-ven, 10.30-18.30 sab, 13-17 dom ⊖ Covent Garden

High Jinks (6, D2)
Grande emporio di moda 'urbana' per uomo e donna, proposta da giovani stilisti.
☎ 7240 5580 ⌨ www.high-jinks.com ✉ Thomas Neal Centre, Earlham St WC2 ☽ 10-19 lun-sab, 12-18 dom ⊖ Covent Garden

James Smith & Sons (6, D1)
Ombrelli e bastoni decorativi e da passeggio si nascondono dietro la facciata a specchi di questo negozio che rappresenta la quintessenza della moda inglese.
☎ 7836 4731 ⌨ www.james-smith.co.uk ✉ 53 New Oxford St WC1 ☽ 9.30-17.25 lun-ven, 10-17.25 sab ⊖ Holborn/Tottenham Court Rd

TAGLIE E MISURE

Abbigliamento femminile

Aust/UK	8	10	12	14	16	18
Europa	36	38	40	42	44	46
Giappone	5	7	9	11	13	15
USA	6	8	10	12	14	16

Calzature femminili

Aust/USA	5	6	7	8	9	10
Europa	35	36	37	38	39	40
Francia	35	36	38	39	40	42
Giappone	22	23	24	25	26	27
UK	3½	4½	5½	6½	7½	8½

Abbigliamento maschile

Australia	92	96	100	104	108	112
Europa	46	48	50	52	54	56

Giappone	S	M	M		L	
UK/USA	35	36	37	38	39	40

Camicie maschili (collo)

Australia	38	39	40	41	42	43
Giappone	38	39	40	41	42	43
Europa	38	39	40	41	42	43
UK/USA	15	15½	16	16½	17	17½

Calzature maschili

Aust/UK	7	8	9	10	11	12
Europa	41	42	43	44½	46	47
Giappone	26	27	27.5	28	29	30
USA	7½	8½	9½	10½	11½	12½

Le taglie sono soltanto approssimative; prima di acquistare un capo, provatelo.

Le vie della moda

A Londra ci sono numerosi negozi di catene straniere, come Gap, H & M, Mambo, Mango, Morgan, Muji e Zara. Ma esistono anche catene di abbigliamento inglesi, fra cui le seguenti:

- **French Connection UK** (3, A3 ☎ 7629 7766; 396 Oxford St W1 ✚ Bond St) Abiti più sobri di quanto suggerisca il nome.
- **Jigsaw** (3, B3 ☎ 7491 4484; 126-127 New Bond St W1 ✚ Bond St) Classico abbigliamento per signora, suddiviso per scala cromatica.
- **Karen Millen** (6, E2 ☎ 7836 5355; 32-33 James St WC2 ✚ Covent Garden) Abiti e tailleur pantalone di buon gusto che avvolgono la figura.
- **Miss Selfridge** (6, A1 ☎ 7927 0188; 325 Oxford St ✚ Oxford Circus) Moda divertente e usa-e-getta per ragazzine.
- **Oasis** (6, E2 ☎ 7240 7445; 13 James St WC2 ✚ Covent Garden) È il negozio dove vanno i clienti di Topshop (v. oltre) quando possono permetterselo.
- **Office** (6, E2 ☎ 7379 1896; 57 Neal St WC2 ✚ Covent Garden) Calzature per l'ufficio e il tempo libero.
- **Shellys** (6, A1 ☎ 7287 0939; 266-270 Regent St W1 ✚ Oxford Circus) Scarpe originali e coloratissime.
- **Topshop & Topman** (6, A1 ☎ 7636 7700; 36-38 Great Castle St W1, ingresso in Oxford St ✚ Oxford Circus) Sia i teenager sia i loro genitori alla moda amano le interpretazioni a prezzi ragionevoli delle ultime novità presentate in passerella.
- **Warehouse** (6, E2 ☎ 7240 8242; 24 Long Acre WC2 ✚ Covent Garden/Leicester Sq) Una via di mezzo tra Topshop e Oasis.

Koh Samui (6, D2)

È difficile immaginare di indossare sull'isola thailandese che dà il nome a questa raffinata boutique i suoi capi eterei, firmati da stilisti quali Antoni Berardi, Clements Ribeiro o Julien MacDonald.
☎ 7240 4280 ✉ 65-67 Monmouth St WC2

Un trucco stravolgente

🕑 10-18.30 lun-sab, a partire dalle 10.30 mer e ven, 11-17.30 dom ✚ Leicester Sq

Laden Showrooms (3, J2)

Questo negozio rappresenta il miglior barometro della moda di Hoxton: T-shirt da uomo con cerniera, gonne a campana stile anni '50, e qualunque altro capo faccia la sua comparsa nelle vie di Londra.
☎ 7247 2431 🖳 www. laden.co.uk ✉ 103 Brick La E1 🕑 12-18 lun-ven, 10.30-18 sab e dom ✚ Liverpool St

Paul Smith (6, E2)

Le sue linee per uomo e donna di ottimo taglio e facili da indossare hanno reso Sir Paul uno dei più prestigiosi stilisti inglesi.

☎ 7379 7133 🖳 www. paulsmith.co.uk ✉ 40-44 Floral St WC2 🕑 10.30-18.30 lun-ven, fino alle 19 gio, 10-18.30 sab, 13-17 dom ✚ Covent Garden

Pringle (3, B4)

Ispirandosi a Burberry, Pringle ha trasformato i pullover da golf in capi raffinati, abbassando le scollature e abbondando con il rosa. Tra gli accessori ci sono alcune mascherine da notte molto confortevoli.
☎ 0800 360 200 🖳 www. pringle-of-scotland.co.uk ✉ 112 New Bond St W1 🕑 10-19 lun-sab, 12-18 dom ✚ Bond St

Rigby & Peller (2, D5)

Reggiseni imbottiti, corsetti e costumi da

bagno realizzati dalla *corsetière* della regina.
☎ 7589 9293 🖳 www.rigbyandpeller.com
✉ 2 Hans Rd SW3
🕒 10-18 lun-sab, fino alle 19 mer
⊖ Knightsbridge

Stella McCartney (6, A3)
Anche se non potete permettervi di spendere 1000 sterline per un abito a bustino come le amiche di Stella, Madonna, Gwyneth Paltrow e Kate Moss, questo negozio merita comunque una visita.
☎ 7518 3100 🖳 www.stellamccartney.com
✉ 30 Bruton St W1
🕒 10-18 lun-sab, fino alle 19 gio ⊖ Green Park

Urban Outfitters (6, E2)
Questa catena americana ha avuto grande successo a Londra con i suoi simpatici abiti da città, i bei casalinghi e gli originali gadget. C'è una filiale in 36-38 High St, Kensington (2, C4).
☎ 7759 6390
🖳 www.urbanoutfitters.com
✉ Seven Dials House, 42-56 Earlham St WC2
🕒 10-19 lun-sab, fino alle 20 gio, 12-18 dom
⊖ Covent Garden

Vivienne Westwood (3, B4)
Gli anni non l'hanno sciupata. La vera madrina della moda punk conti-

nua a mescolare elementi innovativi e classici nei suoi stravaganti abiti da uomo e donna.
☎ 7629 3757
✉ 6 Davies St W1
🕒 10-18 lun-sab, fino alle 19 gio ⊖ Bond St

GIOIELLI

Garrard (6, A3)
Jade Jagger (figlia di Mick, nonché direttore creativo) ha contribuito a trasformare i vecchi gioielli in qualcosa di sufficientemente alla moda anche per Missy Elliott. Al piano superiore sono in vendita abiti incrostati di gioielli e articoli da regalo.
☎ 7758 8520
🖳 www.garrard.com
✉ 24 Albermarle St W1
🕒 10-17.30 lun-sab
⊖ Bond St/Green Park

Mappin & Webb (6, B3)
Dal 1774 questo negozio è uno dei più popolari per gli omaggi aziendali, ma chi non ha tempo per un'incisione o un'ordinazione potrà acquistare orologi e ciondoli disegnati da stilisti.
☎ 7734 3801
🖳 www.mappin-and-

webb.co.uk ✉ 170 Regent St W1
🕒 10-18 lun-sab, fino alle 19 gio
⊖ Oxford Circus/Piccadilly Circus

Wright & Teague (6, A4)
I due famosi stilisti del Central St Martins College of Art

& Design disegnano gioielli in oro e argento, originali ed eleganti.
☎ 7629 2777
🖳 www.wrightandteague.com
✉ 1A Grafton St W1
🕒 10-18 lun-ven, fino alle 19 gio, 10-17 sab
⊖ Green Park

L'angolo dei diamanti
Clerkenwell è la zona delle gioiellerie, tradizionali e moderne. Se cercate montature tradizionali e pietre sfuse, provate da **Hatton Garden** EC1 (3, F2 ⊖ Chancery La/Farringdon). A 5 minuti di qui si trova la **Lesley Craze Gallery** (3, F2 ☎ 7608 0393; 33-35a Clerkenwell Green EC1 ⊖ Farringdon), uno dei principali centri europei del gioiello contemporaneo. **Ec one** (3, F1 ☎ 7713 6185; www.econe.co.uk; 41 Exmouth Market EC1 ⊖ Farringdon) ha qualche pezzo originale, e conta fra le sue clienti anche Cameron Diaz.

DESIGN, ARTE E ARTIGIANATO

Conran Shop (2, C5)
Porcellane cinesi, mobili, accessori da cucina e bagno: questo negozio merita una visita anche soltanto per il bellissimo palazzo Michelin.
☎ 7589 7401
🖳 www.conran.com
✉ Michelin House, 81 Fulham Rd, Chelsea SW3
🕑 10-18 lun-ven, fino alle 19 mer-gio, 10-18.30 sab, 12-18 dom ⊖ South Kensington

Gli interni di Eat My Handbag Bitch

Eat My Handbag Bitch (3, J2)
A dispetto del nome, in questo negozio non si vendono borse ma mobili retrò e classici del design del XX secolo, come sedie, lampade e vasi.
☎ 7375 3100
🖳 www.eatmyhandbag bitch.co.uk
✉ Old Truman Brewery, 6 Dray Walk, 91-95 Brick La E1 🕑 10-18 ⊖ Liverpool St/Shoreditch

Habitat (3, C2)
Articoli per la casa firmati, a prezzi contenuti.
☎ 7631 3880
🖳 www.habitat.net
✉ 196 Tottenham Court Rd W1 🕑 10-18 lun-mer, fino alle 20 gio, fino alle 18.30 ven, 9.30-18.30 sab, 12-18 dom ⊖ Goodge St

Heals (3, C2)
Questo negozio che vanta due secoli di storia è più raffinato di Habitat e propone tavoli, biancheria per la casa, mobili, tappeti e altro ancora, esclusivi e di qualità.
☎ 7636 1666
🖳 www.heals.co.uk
✉ 196 Tottenham Court Rd W1
🕑 10-18 lun-mer, fino alle 20 gio, fino alle 18.30 ven, 9.30-18.30 sab, 12-18 dom ⊖ Goodge St

Purves & Purves (3, C2)
Qui troverete articoli di arredamento, lampade, casalinghi e accessori della medesima qualità di Heals ma più all'avanguardia: pensate alle pentole di Alessi e ai boccali di Ritzenhoff. È anche un posto ideale per i regali.
☎ 7580 8223
🖳 www.purves.co.uk
✉ 220-224 Tottenham Court Rd W1
🕑 9.30-18 lun-sab, dalle 10 mar, fino alle 19 gio, 11.30-17.30 dom ⊖ Goodge St

Royal Doulton (6, B3)
Dopo 175 anni questa classica ditta inglese continua a proporre le tradizionali statuette e i servizi da tavola in porcellana, ma ha introdotto anche modelli più moderni per bicchieri e posateria.
☎ 7734 3184
🖳 www.royal-doulton.com
✉ 154 Regent St W1
🕑 10-18 lun-sab, fino alle 19 gio, 11-17 dom ⊖ Piccadilly Circus

Uno, due, venduto!
La visita a una delle case d'asta londinesi offre un'ottima occasione per osservare da vicino queste importanti istituzioni. Ma restate immobili quando cala il martelletto, altrimenti potreste ritrovarvi in possesso di un capolavoro o di qualche oggetto per voi troppo costoso!
- **Bonhams** (2, C5 ☎ 7393 3900; www.bonhams.com; Montpelier St SW7 ⊖ Knightsbridge)
- **Christie's** (3, C5 ☎ 78399060; www.christies.com; 8 King St SW1 ⊖ Green Park/Piccadilly Circus)
- **Phillips** (3, B3 ☎ 7629 6602; www.phillips-auctions.com; 101 New Bond St W1 ⊖ Bond St)
- **Sotheby's** (6, A3 ☎ 7293 5000; www.sothebys.com; 34-35 New Bond St W1 ⊖ Bond St)

ANTIQUARIATO

Gli amanti dell'antiquariato troveranno qualcosa di valido nel mercato lungo Portobello Rd (p54) o al Bermondsey Market (p53).

Camden Passage (2, F2)
Nonostante il nome, questi quattro portici con negozi di antiquariato si trovano a Islington e si rivolgono soprattutto ai commercianti. Difficile trovare delle vere occasioni.
☎ 7359 0190 ✉ **Upper St e Essex Rd N1** ⟨⟩ **7.30-14 mer, 8-16 sab** ⊖ **Angel**

Grays Antiques Market (3, B4)
Questo mercato è specializzato in gioielli di anti-quariato, mentre nei vicini Davies Mews troverete bambole, vetri e porcellane.
☎ 7629 7034 ⌨ **www.egrays.com** ✉ **58 Davies St W1** ⟨⟩ **10-18 lun-ven** ⊖ **Bond St**

Lassco (3, H2)
La compagnia di recuperi architettonici Lassco ha sede in una chiesa abbandonata, dove troverete di tutto: dalle piccole curiosità alle tegole d'ardesia, tavoli in legno di quercia, caminetti in marmo e ornamenti da giardino.

☎ 7749 9944 ⌨ **www.lassco.co.uk** ✉ **St Michael's Church, Mark St EC2** ⟨⟩ **10-17 lun-sab, fino alle 20 mar** ⊖ **Old St**

London Silver Vaults (3, E3)
I 40 negozi sotterranei della Chancery House ospitano una delle più grandi collezioni al mondo di argenteria (gioielli, cornici, candelabri e servizi da tè).
☎ 7242 3844 ✉ **53-63 Chancery La WC2** ⟨⟩ **9-17.30 lun-ven, 9-13 sab** ⊖ **Chancery La**

MUSICA

Non a caso il romanzo a sfondo musicale *Alta fedeltà* di Nick Hornby è ambientato a Londra. Anche se, come molti puristi, non conoscete megastore come **HMV Records** (6, B1 ☎ 7631 3423; 150 Oxford St W1 ⊖ Oxford Circus) e **Virgin Megastore** (6, C1 ☎ 7631 1234; 14-30 Oxford St W1 ⊖ Tottenham Court Rd), sappiate che Londra offre moltissimi altri prodotti musicali.

Blackmarket Records (6, B2)
Frequentato da numerosi DJ alla ricerca delle ultime melodie da discoteca.
☎ 7437 0478 ⌨ **www.blackmarket.co.uk** ✉ **25 D'Arblay St W1** ⟨⟩ **12-19 lun, 11-19 mar-sab** ⊖ **Oxford Circus**

Honest Jon's (2, B3)
Questo negozio – dove ha lavorato il DJ James Lavelle – possiede una casa discografica con Damon Albarn, ed è famoso per il suo vasto assortimento di jazz, reggae, rarità, ristampe e dischi a 12 giri.

☎ 8969 9822 ⌨ **www.honestjons.com** ✉ **276 e 278 Portobello Rd W10** ⟨⟩ **10-18 lun-sab, 11-17 dom** ⊖ **Ladbroke Grove**

Mole Jazz (3, D1)
Due piani di vinile, musicassette e CD: forse è il migliore negozio di Londra per il jazz vecchio stile.
☎ 7278 8623 ⌨ **www.molejazz.co.uk** ✉ **311 Gray's Inn Rd WC1** ⟨⟩ **10-18 lun-sab, fino alle 20 ven** ⊖ **King's Cross St Pancras**

Reckless Records (6, B2)
Dischi e CD nuovi e di seconda mano, che spaziano da punk, soul, dance alla musica indipendente e di cassetta.
☎ 7437 4271 ⌨ **www.reckless.co.uk** ✉ **26 e 30 Berwick St W1** ⟨⟩ **10-20 lun-ven, 10-19 sab-dom** ⊖ **Oxford Circus/ Piccadilly Circus**

Rough Trade (2, B3)
Con le sue rarità underground, alternative e vintage, questo negozio è sede dell'omonima etichetta discografica punk e un vero paradiso per gli appassionati del vecchio vinile (ma vende anche CD).

☎ 7229 8541
🖥 www.roughtrade.com
✉ 130 Talbot Rd W11
🕐 10-18.30 lun-sab,
13-17 dom
⊖ Ladbroke Grove/
Westbourne Park

Sister Ray (6, C2)
Se amate il venerando
John Peel del BBC/BBC
World Service,

questo negozio
specializzato in musica
d'avanguardia,
sperimentale e indie
music è proprio quello
che fa per voi.
☎ 7287 8385
✉ 94 Berwick St W1
🕐 10-20 lun-ven,
10-19 sab e dom
⊖ Oxford Circus/
Piccadilly Circus

LIBRI

Come capitale di una nazione tuttora molto interessata alla letteratura,
nonostante le accuse di essersi volgarizzata, Londra è un buon posto dove
andare a caccia di libri a prezzi ragionevoli. Le catene di negozi hanno un po'
massificato il mercato, ma si trovano ancora buone librerie specializzate.

Books for Cooks (2, B3)
Potrete gustare le ricette
nel piccolo caffè adiacente
a questa libreria specializzata in ricettari.
☎ 7221 1992 🖥 www.
booksforcooks.com
✉ 4 Blenheim Crescent
W11 🕐 10-18 lun-sab
⊖ Ladbroke Grove

Forbidden Planet (6, D2)
Paradiso di chi ama fumetti,

fantascienza, horror e fantasy, la Forbidden Planet si è
avvantaggiata del successo
mondiale de *Il Signore degli
Anelli* e nel 2003 si è trasfe-
rita in un nuovo edificio.
☎ 7836 4179
🖥 www.forbidden
planet.com ✉ 179
Shaftesbury Ave 🕐 10-19
lun-sab, fino alle 20 gio,
12-18 dom ⊖ Leicester
Sq/Covent Garden

Foyles (6, D1)
Per fortuna questa libreria
che vanta un grandissimo
assortimento non ordina più
i libri per editore ed è meno
disordinata di un tempo.
Sotto lo stesso tetto troverete anche la libreria specializzata femminile Silver
Moon, il negozio di musica
Ray's Jazz, e un caffè.
☎ 7437 5660
🖥 www.foyles.co.uk

Londra: finzione e realtà

Fin dai *Racconti di Canterbury*, nei quali i pellegrini di Chaucer si radunano per la
partenza al Tabard Inn di Southwark, Londra ha sempre ispirato i romanzieri. Daniel
Defoe narrò la peste del 1665, e il *Diario di Samuel Pepys* comprende la descrizione
del Grande Incendio dell'anno successivo, mentre il nome di Charles Dickens evoca
ancora oggi la povertà e lo squallore delle classi lavoratrici nella Londra vittoriana,
basti pensare a *Oliver Twist*.

Tra gli scrittori contemporanei, Graham Greene ambientò il suo *La fine dell'avventura*
a Clapham Common durante la prima guerra mondiale; *Mother London* di Michael
Moorcock è un'intrigante storia della città dai bombardamenti della guerra agli anni
'80, narrata da tre ex pazienti di un ospedale psichiatrico; e infine *Territori londinesi* di
Martin Amis è uno spaventoso ma avvincente ritratto dei bassifondi londinesi.

Il divertente *Agrodolce* di Timothy Mo descrive le vicende di una famiglia cinese a Londra, ma hanno adottato la medesima prospettiva degli immigrati anche altri importanti
scrittori come Zadie Smith (v. p107).

✉ 113-119 Charing Cross Rd WC2
🕑 9.30-19.30 lun-sab, 12-18 dom
⊖ Tottenham Court Rd

Gay's the Word (3, D2)
Da oltre 25 anni, Gay è la libreria più autorevole riguardo alla letteratura omosessuale.
☎ 7278 7654 🖳 www. gaystheword. co.uk
✉ 66 Marchmont St WC1
🕑 10-18.30 lun-sab, 14-18 dom ⊖ Russell Sq

Grant & Cutler (6, B2)
È la migliore libreria londinese per la letteratura in lingua straniera: troverete libri di grammatica, dizionari e romanzi.
☎ 7734 2012
🖳 www.grantand cutler.com ✉ 55-57 Great Marlborough St W1
🕑 9-18 lun-sab, fino alle 19 gio ⊖ Oxford Circus

Helter Skelter (6, D1)
I fan dei libri sul rock resteranno affascinati da questo negozio, il cui vasto assortimento spazia dalle biografie delle band alle riviste per amatori.
☎ 7836 1151 🖳 www. helterskelterbooks.com
✉ 4 Denmark St WC2
🕑 10-19 lun-ven, 10-18 sab
⊖ Tottenham Court Rd

Magma Books (3, D2)
Magma esplode letteralmente di libri, riviste e altro ancora, e ha un arredamento d'avanguardia. Ha anche una piccola filiale in Covent Garden (6, D2
☎ 7240 8498; 8 Earlham St ⊖ Leicester Sq).

Catene di librerie
Waterstone's, la risposta anglosassone alla catena americana Borders, sembra più accogliente e meno impersonale della sua gigantesca rivale, ma forse è solo una nostra impressione. Books etc fa parte di Borders, mentre Blackwell's è una casa editrice universitaria che si è aperta anche alla miscellanea. In tutta la città troverete succursali delle catene qui citate.
• **Blackwell's** (6, D2 ☎ 72925100; www.blackwells. co.uk; 100 Charing Cross Rd WC2 ⊖ Tottenham Court Rd)
• **Booksetc** (6, E2 ☎ 73796947; www.borders.co.uk; 26 James St WC2 ⊖ Covent Garden)
• **Borders** (6, A1 ☎ 7292 1600; www.borders.co.uk; 203 Oxford St W1 ⊖ Oxford Circus)
• **Waterstone's** (6, B4 ☎ 7851 2400; www.water stones.co.uk; 203-206 Piccadilly W1 ⊖ Piccadilly Circus)

☎ 72429 503 🖳 www. magmabooks.com
✉ 117-119 Clerkenwell Rd EC1 🕑 10-19 lun-sab, fino alle 20 gio, 12-18 dom ⊖ Farringdon

Murder One (6, D2)
Romanzi gialli di autori quali Carl Hiaasen, Elmore Leonard, Walter Mosley e Sara Paretsky condividono gli scaffali di questo negozio cult con la fantascienza e i romanzi rosa.
☎ 7734 3485 ✉ 71-73 Charing Cross Rd WC2
🕑 10-19 lun-mer, 10-20

gio-sab ⊖ Tottenham Court Rd/Leicester Sq

Sportspages (6, D2)
Libreria dedicata ai protagonisti dello sport, da *Wisden Cricketers' Almanack* alle biografie e agli aneddoti sui calciatori scozzesi degli anni '70.
☎ 7240 9604
🖳 www.sportsbooks direct.co.uk
✉ 94-96 Charing Cross Rd WC2 🕑 9.30-19 lun-sab, 12-18 dom
⊖ Leicester Sq/ Tottenham Court Rd

Stanfords (6, D2)
La veterana delle librerie di viaggio vende cartine, guide e letteratura varia da 150 anni ed è una meta da non perdere. Sono stati suoi clienti Ernest Shackleton, David Livingstone, Michael Palin e Brad Pitt.
☎ 7836 1321
🖥 www.stanfords.co.uk
✉ 12-14 Long Acre WC2
🕐 9-19.30 lun-ven, dalle 9.30 mar, 10-19 sab, 12-18 dom
🚇 Covent Garden

The Travel Bookshop (2, B3)
Il negozio di Hugh Grant nel film *Notting Hill* era ispirato a questo, che oltre alle ultime guide vende letteratura di viaggio, libri di antiquariato e rarità fuori commercio.
☎ 7229 5260
🖥 www.thetravel bookshop.co.uk
✉ 13 Blenheim Crescent W11 🕐 10-18 lun-sab, 11-16 dom
🚇 Ladbroke Grove

Zwemmer Art & Architecture (6, D2)
Acquistando uno dei bellissimi libri d'arte di questo negozio il vostro viaggio a Londra sarà indimenticabile. La filiale (6, B6) di fronte, 80 Charing Cross Rd, è specializzata in libri di fotografia e cinema.
☎ 7240 4158
🖥 www.zwemmer.com
✉ 24 Litchfield St WC2
🕐 10-18.30 lun-ven, fino alle 20 gio, 10-18 sab
🚇 Tottenham Court Rd

CIBI E BEVANDE

Non perdetevi i reparti alimentari di Harrods, Selfridges e Fortnum & Mason. E se volete farvi apprezzare dai vostri ospiti, presentatevi con una torta della Patisserie Valerie o della Maison Bertaux (v. p77).

Algerian Coffee Stores (6, C2)
Entrando in questo negozio, che vende caffè e tè aromatizzati a vari gusti verrete assaliti da aromi sublimi.
☎ 7437 2480
🖥 www.algcoffee.co.uk
✉ 52 Old Compton St W1 🕐 9- 19 lun-sab
🚇 Leicester Sq/Piccadilly Circus

Neal's Yard Dairy (6, D2)
Qui troverete più di 70 tipi di formaggi, compresi quelli di fattoria.

☎ 7240 5700 ✉ 17 Shorts Gardens WC2
🕐 9-19 lun-sab
🚇 Covent Garden

Rococo (2, D5)
Questo negozio leggendario (e favolosamente caro) vende cioccolato e sarà indimenticabile per i golosi: assaggiate i cioccolatini belgi Godiva o i francesi Valrhona.
☎ 7352 5857 🖥 www. rococochocolates.com
✉ 321 King's Rd SW3
🕐 9.30-18 lun-ven, 9.30-17 sab 🚇 Sloane Sq

The Tea House (6, E2)
Per rendervi conto di come gli inglesi hanno acquisito da altre culture il gusto per il tè, date un'occhiata alle varietà e agli accostamenti proposti da questo negozio.
☎ 7240 7539 ✉ 15a Neal St WC2 🕐 10-19 lun-sab, 12-18 dom
🚇 Covent Garden

The Vintage House (6, C2)
Oltre alle grappe d'annata, la principale attrattiva di questo negozio è il suo assortimento di whisky scozzesi single-malt, che spazia dal torboso Lagavulin all'amabile Macallan.
☎ 7437 5112 🖥 www. sohowhisky.com ✉ 42 Old Compton Rd W1
🕐 9-23 lun-ven, 9.30-23 sab, 12-23 dom
🚇 Leicester Sq/ Tottenham Court Rd

Un giro al supermercato
A chi vuole provvedere da sé ad acquistare generi alimentari o organizzare un picnic, consigliamo due supermercati in centro: **Sainsbury's** (3, C3 ☎ 7580 7820; 15-17 Tottenham Court Rd W1 🚇 Tottenham Court Rd) e **Tesco Metro** (6, E3 ☎ 7853 7500; 21 Bedford St WC2 🚇 Covent Garden/Leicester Sq), che hanno entrambi succursali in tutta la città.

PER I BAMBINI

Benjamin Pollock's Toy Shop (6, D2)
Conoscete il detto: 'Niente è più come una volta'? Ebbene, non è così in questo affascinante negozietto di giocattoli fatti a mano.
☎ 7379 7866
🖳 www.pollocks-coventgarden.co.uk
✉ 44 The Market, Covent Garden WC2 🕑 10.30-18 lun-sab, 12-17 dom
🚇 Covent Garden

Children's Book Centre (2, B5)
Splendido negozio che vende libri, video, CD, giocattoli, cioccolatini e persino gioielli.
☎ 7937 7497 🖳 www.childrensbookcentre.co.uk
✉ 237 Kensington High St W8
🕑 9.30-18.30 lun-sab, fino alle 18 mar, alle 19 gio, 12-18 dom 🚇 High St Kensington

Compendia (5, A2)
Questo negozio è pieno zeppo di giochi da tavolo e di altro genere, compreso un buon assortimento di articoli sui viaggi.
☎ 8293 6616
✉ 10 The Market, Greenwich SE10
🕑 12-17.30 lun-ven, 10.30-17.30 sab-dom
🚉 DLR Cutty Sark

Daisy & Tom (2, D5)
Meravigliosi (e costosi) abiti, calzature e giocattoli, con uno spettacolo di burattini, giostre e persino il parrucchiere per tenere i bimbi occupati.
☎ 7352 5000
✉ 181-183 King's Rd SW3
🕑 10-18 lun-ven, fino alle 19 mer, 10-18.30 sab, 12-18 dom
🚇 Sloane Sq

Hamleys (6, A2)
Il più famoso negozio di giocattoli di Londra non delude mai. È veramente una grotta di Aladino con giocattoli, giochi da tavolo e per computer, cappelli da cowboy, orsetti e ogni altro genere di articolo.
☎ 7494 2000
🖳 www.hamleys.com
✉ 188-196 Regent St W1
🕑 10-20 lun-ven, 9.30-20 sab, 12-18 dom
🚇 Oxford Circus

Kite Store (6, E2)
Questo negozio vende almeno 100 modelli diversi di aquiloni, oltre a Frisbee, boomerang e giocattoli volanti.
☎ 7836 1666
✉ 48 Neal St WC2
🕑 10-18 lun-ven, 10.30-18 sab
🚇 Covent Garden

NEGOZI SPECIALIZZATI

Inflate (3, F2)
Come suggerisce il nome, quasi tutti gli articoli in vendita in questo negozietto sono gonfiabili: dal portauovo alla comoda poltrona. Geniale.
☎ 7713 9096 🖳 www.inflate.co.uk ✉ 28 Exmouth Market EC1 🕑 9.30-18 lun-ven 🚇 Farringdon

Mathmos (6, D2)
La lampada di lava, una delle icone inglesi degli anni '60, continua a gorgogliare da queste parti, ma l'assortimento è talmente affascinante da rendere ardua la scelta.
☎ 7836 8587
✉ 8 Shorts Gardens WC2
🕑 10.30-19.30 lun-sab, 11.30-17 dom
🚇 Covent Garden

Una lampada di Mathmos

Guida allo shopping
Consigliamo agli amanti dello shopping in visita a Londra la pubblicazione annuale *Time Out Shopping Guide* (£6,99), che riporta tutte le informazioni sui negozi della capitale.

Pasti

Parlando di cucina, si può affermare che in questo campo Londra sia sempre stata un po' indietro rispetto agli standard delle altre capitali del mondo.

Ma, per fortuna, le cose stanno cambiando. Finalmente i ristoranti londinesi sono migliorati, grazie alle richieste di una popolazione che sa cosa offre il mondo, a schiere di cuochi diventati celebrità televisive, e anche all'apporto delle cucine australasiatiche.

Oggi gli esperti internazionali giudicano eccellenti alcuni ristoranti di Londra, tra i quali Gordon Ramsay, Nahm, Hakkasan e l'originale Les Trois Garçons. I fan del celebre chef Jamie Oliver ignorano i giudizi contrastanti sulla sua cucina e prenotano con mesi di anticipo da Fifteen, men-

Il costo di un pasto

I simboli sono da intendersi per persona e per cena, e di solito comprendono due portate e una bevanda. Calcolate una cifra inferiore per il pranzo.

£	Meno di £15
££	da £15 a £25
£££	da £25 a £40
££££	Oltre £40

tre i ristoratori delle catene più ordinarie hanno dovuto migliorare la qualità dei loro piatti, per soddisfare una clientela sempre più esigente.

L'atmosfera cosmopolita della città si traduce in un vasto assortimento di tradizioni culinarie, dagli onnipresenti piatti indiani ai più rari eritrei, e persino tradizionali ricette inglesi come le salsicce con purè sono state riproposte dalla nuova generazione di cuochi.

Il bancone del Souvlaki & Bar (p66)

Fatta questa premessa, sappiate che i ristoranti londinesi non offrono il medesimo rapporto qualità-prezzo di altre mete culinarie del mondo. E se forse riuscirete a gustare un fantastico curry con meno di 10 sterline, può darsi che vi ritroviate a spenderne 30 per un banalissimo pasto. Vale dunque la pena di fare un'attenta indagine prima di scegliere il ristorante.

La gastronomia londinese – che non riesce ancora a proporre, per esempio, una cucina vietnamita decente – non ha raggiunto i livelli elevati sognati dagli abitanti, ma è comunque migliorata moltissimo rispetto a qualche anno fa, e non abbiamo il coraggio di dire ai londinesi che in questo campo sono proprio gli ultimi arrivati.

Prenotare il tavolo

Dal giovedì al sabato è praticamente obbligatorio prenotare un tavolo in tutti i ristoranti del centro, e tutti i giorni in quelli più in voga. Il servizio di prenotazioni in internet www.toptable.co.uk è affidabile e offre sconti. Molti tra i migliori ristoranti hanno adottato un sistema di prenotazioni multiple, per esempio dalle 19 alle 21 e dalle 21 alle 23. Potendo scegliere, è meglio il secondo turno perché nessuno vi metterà fretta.

BLOOMSBURY E CLERKENWELL

Abeno (3, D3) ££
Giapponese
Sottostimato ristorantino specializzato in *okonomi-yaki*, una specie di omelette giapponese preparata con ingredienti a vostra scelta e cucinata in tavola.
☎ 7405 3211 ✉ 47 Museum St WC1 🕙 12-22 ⊖ Tottenham Court Rd 👶

Club Gascon (3, G3) ££££
Francese
Anziché una sola portata in questo elegante ristorante citato nella guida Michelin, vi consigliamo quattro o cinque assaggi di squisita anatra, polipo, cassoulet e foie gras.
☎ 7796 0600 ✉ 57 West Smithfield EC1 🕙 12-14 e 19-23 lun-ven, 19-23 sab ⊖ Farringdon/Barbican

Le Café du Marché (3, G2) £££
Francese
'Tradizione' è la parola d'ordine di questo ex magazzino in mattoni che ospita un rustico ristorante francese. Spesso al piano superiore c'è sottofondo di jazz e pianoforte dal vivo.
☎ 7608 1609 ✉ 22 Charterhouse Sq, Charterhouse Mews EC1 🕙 12-14.30 e 18-22 lun-ven, 18-22 sab ⊖ Farringdon

Hakkasan (6, C1) £££
Cinese
Nascosto in un seminterrato ha luci ultraviolette soffuse e un lussuoso cocktail bar che lo hanno reso famoso tra il jet-set, e propone deliziosi dim sum e piatti cinesi presentati con stile. L'Hakkasan (insignito di una stella Michelin) è considerato uno dei locali migliori di Londra e, malgrado alcune lamentele circa il servizio, a pranzo il personale è simpatico.
☎ 7907 1888 ✉ 8 Hanway Place WC2 🕙 12-24 lun-mar, fino alle 2 mer-sab, alle 23.30 dom ⊖ Tottenham Court Rd Ⓥ

Little Bay (3, F2) £
Internazionale
Il vistoso Little Bay è memorabile non solo per i candelieri (realizzati con filo elettrico e marmo), ma anche

Un tavolo al Moro

per gli ottimi pasti a prezzi interessanti. Ha una bella succursale in stile egizio, **LMNT** (2, H1 ☎ 7249 6727; 316 Queensbridge Rd E8 Ⓡ London Fields), a Hackney.
☎ 7278 1234 ✉ 171 Farringdon Rd EC1 🕙 8.30-24 ⊖ Farringdon 👶 Ⓥ

Moro (3, F2) £££
Mediorientale
I piatti dagli aromi nordafricani, spagnoli e portoghesi, e che compaiono illustrati nei famosi libri di cucina *Moro*, sono serviti in un'animata atmosfera da souk.
☎ 7833 8336 ✉ 34-36 Exmouth Market N1 🕙 12.30-14.30 e 19-22.30 ⊖ Farringdon

North Sea Fish Restaurant (3, D1) ££
Pesce
Merluzzo, eglefino e platessa fritti o grigliati sono decisamente migliori degli standard e sempre serviti con abbondante contorno di patatine fritte.
☎ 7387 5892 ✉ 19-8 Leigh St WC1 🕙 12-14.30 lun-sab, 17.30-22.30 dom ⊖ Russell Sq 👶

Mance

I camerieri londinesi non vi correranno dietro se non lasciate la mancia. Tuttavia i loro salari non sono alti, e privandoli di una mancia del 10-15% manifesterete la vostra insoddisfazione per il servizio. Da qualche tempo alcuni ristoranti aggiungono al conto un supplemento per il servizio (circa 12,5%), quindi fate attenzione a non pagare due volte: potete chiedere al cameriere se questo supplemento per il servizio gli viene corrisposto, in caso contrario datelo a lui direttamente.

St John (3, G2) £££
Britannico
Questo ristorante per carnivori propone piatti insoliti. L'ottima cucina tradizionale britannica servita nella sala da pranzo bianca e minimalista propone fegato di vitello, insalata di midollo, lingua di bue e milza di maiale. Il menu comprende anche le lenticchie. ☎ 7251 0848 ✉ 26 St John St EC1 🕓 12-15 e 18-23 lun-ven, 18-23 sab ⊖ Farringdon

Souvlaki & Bar (3, F2) ££
Greco
Spuntini greci e souvlaki di maiale o agnello per un pasto gustoso. Questo piacevole bar-ristorante con lampade a forma di ferro di cavallo è una succursale dell'eccellente Real Greco (3, H1 ☎ 7739 8212; 15 Hoxton Market N1 ⊖ Old St). ☎ 7253 7234 ✉ 142 St John St EC1 🕓 10-23 lun-sab ⊖ Farringdon Ⓥ

CAMDEN E HAMPSTEAD

Cotton's Rhum Shop, Bar & Restaurant (4, B2) ££
Caraibico
Questo ristorante è un degno concorrente del Mango Room (v. in questa pagina), e qui la carne di capra al curry è particolarmente buona. ☎ 7485 8388 ✉ 55 Chalk Farm Rd NW1 🕓 17-24 lun-gio, 11-24 ven-dom ⊖ Chalk Farm

The Engineer (4, A2) ££
Stile pub
Questo grazioso locale vittoriano richiama una clientela elegante dai quartieri settentrionali di Londra. È piuttosto formale e propone buoni piatti da pub. ☎ 7722 0950 ✉ 65 Gloucester Ave NW1 🕓 9-23 lun-sab, 9-22.30 dom ⊖ Chalk Farm

JONATHAN SMITH

Galangal (4, B3) ££
Thailandese
Curry, tagliolini e zuppe proposte da questa simpatica cantina vagamente retrò vi sazieranno mettendovi di buon umore (o forse è merito del succo di mele con zenzero?). ☎ 7483 3765 ✉ 29-31 Parkway NW1 🕓 12-15 e 18-23 lun-ven, 13.30-23.30 sab, 13-22.30 dom ⊖ Camden Town

Jin Kichi (2, C1) £££
Giapponese
Se così tanti giapponesi frequentano questo locale nonostante il suo aspetto dimesso, state certi che il cibo è buono. Prenotate e scegliete i piatti alla griglia. ☎ 7794 6158 ✉ 73 Heath St NW3 🕓 18-23 mar-ven, 12.30-14 e 18-23 sab e dom ⊖ Hampstead

Mango Room (4, C2) ££/£££
Caraibico
Dietro la facciata blu mare c'è un ristorante pieno di atmosfera e ben arredato. Il pasto perfetto? Antipasto di pesce in salamoia, capra al curry, e poi un mango e banana *brûlée*. ☎ 7482 5065 ✉ 10 Kentish Town Rd NW1 🕓 12-15 e 18-24 mar-dom, 18-24 dom ⊖ Camden Town

Odette's (4, A2) £££
Francese
Il sontuoso arredamento in velluto e specchi dorati rende l'Odette's un locale perfetto per una cena romantica. I piatti sono tipicamente francesi (come gli ottimi vini), ma si sta insinuando un tocco italiano. ☎ 7586 5486 ✉ 130 Regent's Park Rd NW1 🕓 12.30-14.30 e 19-23 lun-ven, 19-23 sab, 12.30-14.30 dom ⊖ Chalk Farm

Trojka (4, A2) ££
Europeo orientale
Accomodatevi in questo bel ristorante con lucernari e gustate *borscht* e pane di segale, aringhe con salsa all'aneto, il *bigosz* polacco (stufato di cavolo con carne) e altre specialità dell'Europa orientale. ☎ 7483 3765 ✉ 101 Regents Park Rd NW1 🕓 12-22.30 ⊖ Chalk Farm

IL CENTRO

Café in the Crypt (6, D4) £
Internazionale
Questo bar centralissimo e pieno d'atmosfera (con tanto di pietre tombali) si trova in una cripta sotto St Martin-in-the-Fields, ed è una delle mete turistiche che molti si affrettano a visitare ma dove raramente metteranno nuovamente piede. Serve insalate, quiche e altri buoni piatti.
☎ 7839 4342 ✉ St Martin-in-the-Fields, Duncannon St WC2 ⏲ 8-22 lun-mer, 10-23 gio-sab, 12-20 dom ⊖ Charing Cross ♿ Ⓥ

Café Lazeez Soho (6, C2) ££
Indiano
Se siete stanchi di aspettare un tavolo in questo quartiere molto trafficato o volete evitare il baccano, provate questa succursale della nuova catena indiana, che si trova nel Soho Theatre e serve deliziosi piatti freschi.
☎ 7434 9393 ✉ 21 Dean St W1 ⏲ 11-24 lun-sab ⊖ Tottenham Court Rd Ⓥ

Criterion (6, C3) £££
Francese
Questo locale di Piccadilly Circus ha un interno spettacolare che un critico rimasto senza fiato ha paragonato a un uovo di Fabergé. Il menu propone cucina francese moderna, e qualche classico piatto inglese (*fish and chips*).
☎ 7930 0488 ✉ 224 Piccadilly W1 ⏲ 12-14.30 e 17.30-23.30 lun-sab,

17.30-22.30 dom ⊖ Piccadilly Circus

East@West (6, D2) ££££
Asiatico
Il miglior nuovo ristorante dell'anno 2004 secondo la rivista *Tatler* serve piccole porzioni stile tapas per gustare il suo ricco assortimento di aromi asiatici, con qualche tocco europeo e americano. La cucina è gestita dalla celebre cuoca Christine Manfield.
☎ 7010 8600 ✉ 13-15 West St WC2 ⏲ 12-15 e 17.30-24 lun-ven, 17.30-24 sab ⊖ Leicester Sq

Gaby's (6, D3) £
Turco
A metà strada tra il negozio di kebab *par excellence* e una gastronomia di New York, questo minuscolo locale di Soho serve falafel, couscous, pastrami, baklava e altri piatti simili, ben più gustosi di quanto i neon, il menu plastificato e i tavoli in formica farebbero supporre.
☎ 7836 4233 ✉ 30 Charing Cross Rd WC1

La sala del Café in the Crypt

⏲ 9-24 lun-sab, 11-24 dom ⊖ Leicester Sq ♿ Ⓥ

Gay Hussar (6, C1) £££
Ungherese
La sala da pranzo rivestita in legno scuro è tipica della Soho degli anni '50, ma le caricature del disegnatore del *Guardian* Martin Rowson sono ben più recenti. Le porzioni dei piatti ungheresi sono gigantesche.
☎ 7437 0973 ✉ 2 Greco St W1 ⏲ 12.15-14.30 e 17.30-22.45 lun-sab ⊖ Tottenham Court Rd

La passione per il curry
Anche nei suoi peggiori momenti culinari, Londra è sempre stata una delle capitali mondiali del curry; la meta tradizionale per ordinare questo piatto era **Brick Lane** (3, J2 ⊖ Liverpool St). Ma oggi molti locali di curry, soprattutto bengalesi, che si affacciano su questa via costano moltissimo e i clienti avveduti si dirigono a sud per gustare il mix di cucine indiane offerto da **Tooting Broadway** e **Tooting High St** (2, F6 ⊖ Tooting Broadway). La più centrale **Drummond St** (3, C2 ⊖ Warren St/Euston Sq) ha un gruppetto di discreti locali di *bhel poori*, che servono piatti non troppo speziati dell'India del sud.

The Ivy (6, D2) £££
Britannico moderno
Se non fate parte della categoria dei volti noti braccati fuori dal locale dai paparazzi, difficilmente riuscirete a trovare un tavolo in questo ristorante, che pare sia il preferito di Victoria Beckham.
☎ 7836 4751 ✉ 1 West St WC2 ⏰ 12-15 e 17.30-24 lun-sab, 12-15.30 e 17-24 dom ⊖ Leicester Sq

J Sheekey (6, D3) £££
Pesce
Il gemello dell'Ivy è più facile da prenotare e nelle sue quattro sale da pranzo collegate serve pesce fresco, gamberetti, pasticci di pesce, caviale, aragosta, hummus di granchio e qualche piatto vegetariano.
☎ 7240 2565
✉ 28-32 St Martin's Ct WC2 ⏰ 12-15 e 17-24
⊖ Leicester Sq

Kettners (6, D2) ££
Italiano
Probabilmente non ci sono molti locali che servono champagne con la pizza (o con gli hamburger), ma questo lussuoso Pizza Express fa esattamente così. Ovvia-mente i piatti sono legger-mente migliori della norma, e si gustano con sottofondo di musica pianistica.
☎ 7734 6112
✉ 29 Romilly St W1
⏰ 12-24
⊖ Leicester Sq 🔔 Ⓥ

Lindsay House (6, C2) ££££
Britannico
La settecentesca Lindsay House è piena di atmosfera e assomiglia tuttora a una casa privata, dove per entrare si suona il cam-panello. Lo chef irlandese Richard Corrigan propone porzioni abbondanti dagli aromi decisi, grazie ai quali ha ottenuto una stella Mi-chelin. I camerieri, tuttavia, sono prepotenti.
☎ 7439 0450
✉ 21 Romilly St W1
⏰ 12-14.30 e 18-23 lun-ven, 18-23 sab
⊖ Leicester Sq

Mezzo (6, C2) £££
Europeo
Sebbene i londinesi abbiano perso il gusto per i grandi locali gestiti da Terence Conran, vale la pena di visitare l'Atlantic Bar & Grill e Quaglino's; il fatto

Spaziosa sala del Mezzo

che Mezzo si trovi nel cuore del quartiere dei media lo ha aiutato a mantenersi sulla cresta dell'onda. Al pianterreno si trova il più economico e informale Mezzonine.
☎ 7314 4000
✉ 100 Wardour St W1
⏰ 18-12.30 lun-gio, 18-2.30 ven-sab, 18-22.30 dom
⊖ Piccadilly Circus Ⓥ

Mildred's (6, B2) ££
Vegetariano
Ex caffè alternativo, Mildred's si è ampliato in nuovi e spaziosi locali: propone insalate genuine e saporite, fritti, hamburger

Cucina vegetariana
La multietnica Londra è tradizionalmente attenta ai vegetariani. Molti inglesi di origine asiatica non man-giano carne per motivi religiosi e nei locali della capitale che servono curry (v. p67) potrete anche voi nutrirvi di verdure, mentre i normali ristoranti offrono di solito qualche piatto vegetariano (quelli con la sigla Ⓥ ne hanno diversi sul menu). Tra gli eccellenti ristoranti esclusivamente vegetariani della capitale meritano un cenno Gate (v. p68), Mildred's (v. foto) e Food for Thought (v. p74).

e pasticci di verdure, ed è
sempre affollato.
☎ 7494 1634
✉ 45 Lexington St W1
🕐 12-23 lun-sab ⊖ Piccadilly Circus/Tottenham
Court Rd ♿ Ⓥ

Momo (6, A3) £££
Mediorientale
La kasbah arriva a Londra con questo moderno
ristorante marocchino che
propone ottimi couscous
e *tajines*. Mo, l'adiacente
'salad bar, tearoom e bazaar', costa meno ma spesso
il servizio lascia a desiderare.
☎ 7434 4040
✉ 25 Heddon St W1
🕐 12-14.30 e 19-23
⊖ Piccadilly Circus
♿ Ⓥ

Providores (3, A3) ££
Fusion
Alcuni affermano che il
neozelandese Peter Gordon
sia l'unico chef di Londra
esperto in cucina fusion.
Peter ha cambiato stile,
dalla cucina del Pacifico
a un misto di spagnolo
e mediterraneo, ma con
risultati sempre eccellenti.
La Tapa Room
al pianterreno è più
economica e informale.
☎ 7935 6175 ✉ 109
Marylebone High St W1
🕐 9-11.30 lun-ven, 12-15 e 18-22.30 sab e dom
⊖ Baker St ♿ Ⓥ

Quo Vadis (6, C2) £
Italiano
L'ex casa di Karl Marx è
oggi una sala da pranzo
lussuosa ed elegante con
vetri a piombo. Il capo-
cuoco Marco Pierre White
sovrintende all'eccellente
menu, che comprende

piatti classici come risotto
ai funghi e carne di vitello.
☎ 7437 9585 ✉ 218-29
Dean St W1 🕐 12-15
e 17.30-23.30 lun-ven,
17.30-23.30 sab
⊖ Tottenham Court Rd

Rainforest Café
(6, C3) £/££
Questo caffè adatto anche ai
bambini ha automi di uccelli
e animali che si muovono
nella 'giungla', mentre
vengono serviti hamburger
e piatti tex-mex e caraibici.
☎ 7434 3111
✉ 20 Shaftesbury Ave
W1 🕐 12-22 lun-ven,
12-20 sab, 11.30-22
dom ⊖ Piccadilly Circus
♿ Ⓥ

Rock & Sole Plaice
(6, E1) ££
Britannico
I semplici tavoli in formica
al piano superiore sono
banali, ma il *fish and chips*
davvero buono; oltre al
merluzzo (sempre più raro),
potrete scegliere altri piatti
classici come la sogliola, il
salmone scozzese o la bi-
stecca di tonno in pastella.
☎ 7836 3785
✉ 47 Endell St WC2
🕐 11.30-22 lun-sab,
12-21 dom ⊖ Covent
Garden ♿

Simpson's-in-the-Strand
(6, F3) ££
Britannico
Nella sala da pranzo rivestita
in legno di questo ristorante
tradizionale ma un po'
antiquato, i piatti di carne
vengono serviti al tavolo
con un carrello d'argento.
☎ 7836 9112
✉ 100 Strand WC2
🕐 11.30-22 lun-sab,
12-21 dom ⊖ Covent
Garden/Charing Cross

Sketch (6, A2) ££££££
Internazionale
Toilette a forma di uovo, un
video a parete, mobili originali
e un design fantasioso
lo rendono un ristorante
prestigioso. Nella sala
di lettura al piano superiore
i piatti sembrano degni dei
prezzi folli (£65 per un antipasto!), mentre nella galleria
minimalista al piano inferiore
si spendono al massimo £50.
☎ 0870 777 4488
✉ 9 Conduit St W1
🕐 12-14 e 19-22.30
mar-sab ⊖ Oxford Circus

Souk (6, C1) ££
Mediorientale
Con i suoi narghilè e i
tappeti persiani, verrebbe
la tentazione di definire
questo ristorante il cugino
povero di Momo: si tratta

Il prestigioso ristorante Sketch

invece di un locale accogliente e di poche pretese, con *tajines* a prezzi ragionevoli e qualche volta musica dal vivo.
☎ 7240 1796
✉ 27 Litchfield St WC2
🕐 12-23.30 ⊖ Leicester Sq/Tottenham Court Rd

Villandry (3, B2)   £££
Mediterraneo
Gastronomia con una semplice ma raffinata sala da pranzo adiacente, che propone piatti come il rustico stufato di fagioli bianchi con una spolverata di tartufo nero; meglio

scegliere i piatti più semplici, e terminare il pasto con il famoso vassoio dei formaggi.
☎ 7631 3131
✉ 170 Great Portland St W1 🕐 8-23 lun-sab, 11-16 dom
⊖ Great Portland St

CHELSEA E BELGRAVIA

**Gordon Ramsay
(2, D6)**   ££££
Europeo
L'unico ristorante londinese che può vantare tre stelle Michelin è gestito dal portavoce della nuova cucina britannica. E tutto ciò che viene servito in questo ristorante – dal piccione e dalla selvaggina al foie gras e ai tartufi – attesta il suo smisurato talento.
☎ 7352 4441
✉ 68-69 Royal Hospital

L'elegante Gordon Ramsay

Rd SW3 🕐 12-14.30 e 18.30-23 lun-ven
⊖ Sloane Sq

Poule au Pot (2, D5)   £££
Francese
Questo ristorante francese in stile campagnolo è considerato da molti il migliore di Londra. Certo non ha il miglior rapporto qualità-prezzo, ma offre un'atmosfera romantica e un terrazzo all'aperto molto piacevole in estate.
☎ 7730 7763
✉ 231 Ebury St SW1
🕐 12.30-14.30 e 19-23.15 lun-sab, fino alle 22.30 dom ⊖ Sloane Sq 🕭

EAST END E LA CITY

Arkansas Café (3, J1)   ££
Americano
In questo locale – situato a ridosso del mercato di Spitalfields e raggiungibile anche dal mercato stesso – viene servita la buona e tradizionale cucina tipica della provincia americana. Le costolette, il pollo ripieno di mais e le bistecche sono molto apprezzate dai professionisti che lavorano nella City.
☎ 7377 6999 ✉ Unit 12, Spitalfields Market, 107b Commercial St E1
🕐 12-14.30 lun-ven, 12-16 dom ⊖ Liverpool St/Aldgate East

**Armadillo
(2, H2)**   ££
Latino-americano
Semplice ristorante di quartiere che richiama clienti da altre zone della città, l'Armadillo ha un menu sempre diverso con ottimi piatti argentini, brasiliani e peruviani, e qualche tocco di kitsch latino (come le immagini di Gesù e Frida Kahlo sulle tende).
☎ 7249 3633
✉ 41 Broadway Market E8
🕐 18.30-22.30
🚇 London Fields oppure
🚌 106, 253, 26, 48, 55

**Café Spice Namaste
(3, J4)**   £££
Indiano
In questa antica corte di giustizia, oggi avvolta in vivaci tonalità orientali, troverete ottimi piatti parsi e di Goa, come il famoso *dhansak* (stufato di agnello o verdure con contorno di riso, lenticchie e altre verdure). Sebbene non sia compreso negli itinerari turistici, dista appena 10 minuti da Tower Hill.
☎ 7488 9242
✉ 16 Prescot St E1
🕐 12-15 e 18.30-22.30 lun-ven, 18.30-22.30 sab ⊖ Tower Hill Ⓥ

Eyre Brothers
(3, H2) ££££
Spagnolo/africano
Situato a Shoreditch ma
assai vicino alla City, questo
locale con rivestimenti in
legno scuro e soffitti bassi
richiama una clientela
prevalentemente matura,
anche grazie al suo inte-
ressante menu con piatti
spagnoli, portoghesi e
mozambicani.
☎ 7613 5346 ✉ 70
Leonard St EC2 ⏰ 12-15
e 18.30-22.45 lun-ven,
18.30-22.45 sab ⊖ Old St

Fifteen (3, H1) ££££
Britannico/mediterraneo
Il locale di Jamie Oliver –
ente no profit per insegnare
l'arte culinaria a 15 giovani
senzatetto – è luminoso e

Cene di lavoro
Ecco alcuni buoni locali
dove unire gli affari al
piacere della tavola:
- Club Gascon (p65)
- Eyre Brothers (p70)
- St John (p66)
- Moro (p65)
- Café Spice Namaste
  (p70)
- Oxo Tower (p75)
- Les Trois Garçons (v.
  in questa pagina)

---

accogliente, ma non è facile
trovare un tavolo. Potete
recarvi al bar-gastronomia
(⏰ 8-23 lun-ven, 8-17
dom), oppure prenotare
con largo anticipo.
☎ 7251 1515 ✉ 15
Westland Place N1
⏰ **prenotazioni 9.30-
17.30 lun-ven, ristorante
12-15 e 19-22 lun-ven,
19-22 sab, 8-17 dom**
⊖ Old St 🚻 Ⓥ

Les Trois Garçons
(3, J2) ££££
Francese
Straordinario ex pub con
trofei di cervi, giraffe e
coccodrilli imbalsamati,
che indossano tutti collier
e tiare di diamanti, mentre
dal soffitto pendono bor-
sette e lunghi nastri di diamanti. La cucina moderna
(ovviamente d'ispirazione
francese) è migliorata e dal
lunedì al mercoledì c'è un
conveniente menu fisso.
☎ 7613 1924
✉ 1 Club Row E1
⏰ 19-22 lun-sab
⊖ Liverpool St

New Tayyab (2, H3) £
Indiano
L'allettante profumo che
sentirete entrando in questo
locale è frutto della cucina
del Punjab, che comprende
piatti come *seekh* (shish)

Il raffinato Les Trois
Garçons

kebabs, pesce *masala* e
specialità *karahi* cotte con
il wok, oltre a piatti vegetariani. I carnivori saranno i
clienti più soddisfatti.
☎ 7247 9543 ✉ 83
Fieldgate St E1 ⏰ 17-24
⊖ Whitechapel Ⓥ

Ye Olde Cheshire Cheese
(3, F3) £££
Britannico
Se volete giocare a fare i turisti, questo pub secentesco
ha una tradizionale 'chop
room' e fu frequentato da
Mark Twain, Charles Dickens
e Samuel Johnson.
☎ 7353 6170
✉ Wine Office Court, a
pochi passi da Fleet St EC4
⏰ 12-21 lun-sab,
12-14.30 dom
⊖ Blackfriars 🚻 Ⓥ

ISLINGTON

Almeida (2, F1) £££
Francese
L'Almeida è uno dei più
nuovi e migliori ristoranti
aperti dal prolifico ristoratore Terence Conran: nella
sua sala da pranzo piuttosto spaziosa serve classici
piatti francesi di discreta

qualità, e i gentilissimi
camerieri sono sempre
pronti a tradurre il menu
dal francese.
☎ 7354 4777
✉ 30 Almeida St N1
⏰ 12-15 e 18.30-23, fino
alle 22.30 dom ⊖ Angel/
Highbury e Islington

Gallipoli (2, F2) £
Turco
È il miglior ristorante
economico, ma di buona
qualità, di Upper St, pieno
di divertenti decorazioni
turche. Se non riuscite a
entrarci, potrete assaggiare
moussaka, hummus e altri

deliziosi piatti da Gallipoli Again, 120 Upper St.
☎ 7359 0630
✉ 102 Upper St N1
🕐 10.30-23, fino alle 24 ven-sab ⊖ Angel/Highbury e Islington

Giraffe (2, F2) £/££
Internazionale
Nonostante appartenga a una catena di ristorazione e sia sempre pieno di giovani famiglie della classe media, questo ristorante coloratissimo resta imbattibile per quanto riguarda i suoi piatti genuini e per la bellissima atmosfera.

L'originalissimo Giraffe

La piacevole atmosfera turca del Gallipoli

☎ 7359 5999
✉ 29-31 Essex Rd N1
🕐 8-23.30 lun-ven, 9-23.30 sab, 9-22.30 dom
⊖ Angel 🚻 Ⓥ

The House (2, F1) ££
Stile pub
Questo pub rimodernato abbina un bar alla moda con una sala da pranzo informale. Il menu è ricco di pesce, come il risotto con calamari e mascarpone e il merluzzo sotto sale *marinière*; propone inoltre ottime insalate come antipasto.
☎ 7704 7410
✉ 63-69 Canonbury Rd

N1 🕐 18-22.30 lun, 12-15.30 e 18-22.30 mar-sab, 18-21.30 dom
⊖ Highbury e Islington oppure 🚉 Essex Rd

Metrogusto (2, F2) ££
Italiano
I moderni piatti italiani offerti da Metrogusto sono preparati con molta cura e richiamano una clientela mista.
☎ 7226 9400
✉ 11-13 Theberton St N1
🕐 18.30-22.30 lun-gio, 12-15 e 18.30-23 ven-sab, 12.30-15 dom
⊖ Angel 🚻 Ⓥ

KENSINGTON, KNIGHTSBRIDGE E MAYFAIR

Bibendum (2, D5) ££££
Moderno britannico
Questo raffinato locale di Terence Conran si trova nella Michelin House (1911) in stile art nouveau e ha magnifiche vetrate a piombo. Il popolare Bibendum Oyster Bar è al pianterreno, mentre il piano superiore è più luminoso e arioso.
☎ 7581 5817
✉ 81 Fulham Rd SW3
🕐 12-14.30 e 19-23.30 lun-ven, 12.30-15 e 19-23.30 sab, 12.30-15

e 19-22.30 dom
⊖ South Kensington 🚻

Boxwood Café (3, A5) ££
Europeo
Questo caffè in stile newyorkese rappresenta il tentativo di Gordon Ramsay di attirare una clientela giovane e di proporre un ambiente più 'rilassato'. Gli antipasti sono il capolavoro del superbo menu.
☎ 7235 1010
✉ Berkeley Hotel, Wilton

Pl SW1 🕐 12-15 e 18-23
⊖ Hyde Park Corner/Knightsbridge

Daquise (2, B1) £/££
Polacco
Ristorante piacevolmente trasandato, accogliente e autentico (considerato che siamo a Londra). Il menu è vario e comprende piatti vegetariani: da non perdere il *borscht* (zuppa di fagioli e barbabietole rosse).
☎ 7589 6117
✉ 20 Thurloe St SW7

⏱ 11.30-23 ⊖ South Kensington ♿

Fifth Floor (2, D4) £££
Internazionale
Questo ristorante, bar e caffé presso il negozio di Harvey Nichols è l'ideale dopo lo shopping: propone un menu fisso da due e tre portate con un buon rapporto qualità-prezzo.
☎ 7823 1839 ✉ Harvey Nichols, 109-125 Knightsbridge SW1 ⏱ 12-15 e 18-23 lun-ven, 12-15.30 e 18-23 sab, 12-15.30 dom ⊖ Knightsbridge ♿ Ⓥ

Gordon Ramsay at Claridge's (3, B4) ££££
Europeo
Quando il più famoso chef di Londra incontra il più sontuoso albergo della città, il risultato è quasi perfetto, anche quando Ramsay lascia i fornelli al suo più che dotato allievo Mark Sargeant.

Il famoso Bibendum

☎ 7499 0099 ✉ 53 Brook St W1 ⏱ 12-14.45 e 17.45-23 ⊖ Bond St

Isola (2, D4) £££/££££
Italiano
Oltre agli eleganti ambienti in legno scuro, cromature e pilastri in acciaio, l'Isola vanta anche la fama di miglior ristorante italiano della città e propone piatti impeccabili a base di ingredienti freschi.
☎ 7838 1044 ✉ 145 Knightsbridge SW1 ⏱ 12-15 e 18-23 lun-sab ⊖ Knightsbridge

Nahm (3, B6) ££££
Thailandese
Lo chef australiano e l'esperto di cucina thailandese David Thompson si sono meritati una stella Michelin, abbinando i piatti classici con specialità esotiche.
☎ 7333 1234 ✉ Halkin Hotel, Halkin St SW1 ⏱ 12-14.30 e 19-23 lun-ven, 19-23 sab e dom ⊖ Hyde Park Corner

Nobu (3, B5) ££££
Giapponese
Questo ristorante degno di uno stilista è noto per il suo favoloso merluzzo nero. Le sue sale minimaliste sono affollate di celebrità, che oltre al merluzzo apprezzano anche il sushi e il sashimi.

☎ 7447 4747 ✉ Metropolitan Hotel, 19 Old Park La W1 ⏱ 12-14.15 e 18-22.15 lun-ven, solo cena sab e dom ⊖ Hyde Park Corner

The Orangery (2, C4) £/££
Caffé
Questo grazioso caffé di Kensington Gardens offre tè a prezzi accessibili: potrete scegliere tra i panini al cetriolo o gli scones, oppure il più costoso tè allo champagne.
☎ 7938 1406 ✉ Kensington Gardens W8 ⏱ 13-18 marzo-ott, 13-17 nov-feb ⊖ Queensway ♿ Ⓥ

Il tè del pomeriggio
Quelli che seguono sono alcuni dei migliori locali della città dove dedicarsi al rituale pomeridiano del tè inglese con gli *scones* (o con pasticcini, panini al cetriolo, torte e via dicendo):
- Claridge's (p98)
- Fortnum & Mason (p52)
- The Orangery (v. sopra)
- The Ritz (p98)
- The Savoy (p99)

IL SUD

Asmara (2, F6) £
Africano
I gustosi piatti di carne e verdure, serviti da camerieri in costume tradizionale, si mangiano usando un pezzo

di *injera* (pane spugnoso e acido) come cucchiaio.
☎ 7737 4144 ✉ 386 Coldharbour La SW9 ⏱ 17-fino a tardi ⊖ Brixton

Brixtonian Havana Club (2, F6) ££
Caraibico
Spuntini caraibici, un buon assortimento di punch al rum e atmosfera simpatica,

I vecchi classici

Anche se non sono più all'ultima moda, i locali che seguono restano comunque molto famosi:

- **Belgo Centraal** (6, E2 ☎ 7813 2233; 50 Earlham St WC2; ££ ⊖ Covent Garden) Catena belga con un look finto monastico che serve cozze e patatine fritte.
- **Food for Thought** (6, E2 ☎ 7836 0239; 31 Neal St WC2; £ ⊖ Covent Garden) Minuscolo caffè con cibi da asporto e qualche piatto vegetariano.
- **Pollo** (6, D2 ☎ 7734 5917; 20 Old Compton St; £ ⊖ Leicester Sq) Sempre pieno di clienti che ordinano enormi piatti di pasta accompagnati da vino rosso.
- **Stockpot** (6, C3 ☎ 7839 5142; 40 Panton St; £ ⊖ Piccadilly Circus) Moltissimi piatti genuini a poco prezzo.
- **Yo! Sushi** (6, B2 ☎ 7287 0443; 52 Poland St W1; ££ ⊖ Oxford Circus) Con questa catena, sembra che Londra voglia attribuirsi il merito di aver inventato i nastri trasportatori di sushi.
- **Wagamama** (3, D3 ☎ 7436 7830; www.wagamama.com; 4a Streatham St WC1; £/££ ⊖ Tottenham Court Rd) Buona catena di locali che propongono tagliolini.
- **Wong Kei** (6, C3 ☎ 7437 3071; 41-43 Wardour St W1; £ ⊖ Piccadilly Circus) Piatti cinesi a prezzi contenuti e camerieri notoriamente scortesi.

Il più antico 'pie shop'

tipici piatti britannici: pasticcio di bistecca e rognone, anguille in gelatina e persino pasticci vegetariani di soia.

☎ 8293 9313
⊠ 45 Greenwich Church St SE10 ⏱ 10-18 lun-gio, 10-20 ven e sab
🚉 Cutty Sark ♿ V

Inside (5, A3) ££
Europeo

Il design nitido dell'Inside incontra una cucina con le stesse caratteristiche: la zuppa di piselli o il risotto al tartufo e funghi vengono serviti sulle tovaglie bianche in mezzo a pareti bianche e viola.
☎ 8265 5060 ⊠ 19 Greenwich South St SE10 ⏱ 12-14.30 mer-ven, 18.30-22 lun-sab, 11-13.30 sab, 11-15 dom
🚉 DLR Cutty Sark/ Greenwich ♿ V

rendono questo ristorante sempre popolare.
☎ 7924 9262 ⊠ 11 Beehive Place SW9; ⏱ 12-1 lun-gio, 12-2 ven e sab, 12-24 dom ⊖ Brixton

Bug Bar & Restaurant (2, F6) £/££
Biologico

I piatti genuini proposti in questa ex cripta di una chiesa sono biologici e vegetariani. Circondati da candele, specchi dorati e paramenti sacri, potrete gustare i rognoni alla Wellington e il satay di pollo.
☎ 7738 3366 ⊠ St Matthew's Church, Brixton Hill SW2 ⏱ 17-23 lun-gio, 17-23.30 ven-sat, 11-23 dom ⊖ Brixton ♿ V

Goddards Pie House (5, A2) £
Britannico

Nel menu del più antico 'pie shop' di Londra figurano i

Il delizioso Baltic serve prelibate delizie!

A SUD DEL TAMIGI

Anchor & Hope (3, F5) £££
Stile pub
Questo pub-gastronomia popolare e relativamente nuovo appartiene alla scuderia di St John (v. p66) e di conseguenza è un vero paradiso per i carnivori.
☎ 7928 9898 ✉ 36 The Cut SE1 ⏱ 11-23 mar-sab, 17-23 lun ⊖ Southwark/Waterloo

Baltic (3, F5) £££
Europeo orientale
Il bar molto chic – tutto acciaio, candelabri color ambra e file di bottiglie di vodka – lascia il posto a un ristorante con alti soffitti e luci soffuse dove il personale, in compassate uniformi, serve *shashlik* georgiano di agnello, maiale e crauti, pudding nero polacco e altre delizie.
☎ 7928 1111 ✉ 74 Blackfriars Rd SE1 ⏱ 12-15 e 18-23 lun-sab, 18-22.30 dom ⊖ Southwark

Konditor & Cook (3, F5) £
Caffè
In questo locale casual si servono stupende torte al cioccolato (£2,85) e altri dolci simili, e chi non ama i dolci può ordinare salsic-

cia e purè, *caesar salad* e tortino di patate.
☎ 7620 2700 ✉ 66 The Cut SE1 ⏱ 8.30-19.30 lun-ven, 10.30-19.30 sab ⊖ Southwark/Waterloo
♿ Ⓥ

Laughing Gravy (3, F5) ££
Internazionale
Dipinti, piante rampicanti e una vetrina di bottiglie, donano a questo pub-gastronomia (che prende il nome da una marca di whisky) un'atmosfera rilassata. L'eccentrico menu abbina ingredienti insoliti in ricette sorprendentemente soddisfacenti.
☎ 7721 7055 ✉ 154 Blackfriars Rd ⏱ 12-23 lun-ven, 19-24 sab ⊖ Southwark

Manze's (3, H6) £
Britannico
Se state cercando un vero negozio di pasticcio e anguilla, il tradizionale rivestimento di piastrelle di Manze lo rende uno dei più belli di Londra. Si trova nei pressi di Bermondsey Market.
☎ 7407 2985 ✉ 87 Tower Bridge Rd SE1 ⏱ 11-14 lun, 10.30-14 mar-gio, 10-14.15 ven, 10-

14.45 sab ⊖ Borough/Bermondsey

Oxo Tower Restaurant & Brasserie (3, F4) ££££
Internazionale
Il famoso ristorante della Oxo Tower pone l'accento più sulla coreografia che sui cibi. Il magnifico panorama sul Tamigi e sulla St Paul's Cathedral sono indimenticabili, anche se la cucina francese con un tocco di oriente ci sembra eccessivamente cara e il locale è spesso pieno di uomini di affari.
☎ 7803 3888 ✉ 8° piano, Barge House St SE1 ⏱ 12-15 e 18-23 lun-sab, 18.30-23 dom ⊖ Southwark

People's Palace (3, E5) £££
Internazionale
Nonostante il nome vagamente proletario, questo locale attira una clientela danarosa e adulta con la sua cucina britannica moderna. La sala da pranzo bianca in stile anni '50 (con le prime sedie di Conran) ha soffitti alti e finestre con vista sul Tamigi.
☎ 7928 9999 ✉ Level 3, Royal Festival Hall,

Una gioia per gli occhi

Il lussuoso ristorante della Oxo Tower (v. foto) è famoso per uno dei panorami più belli di Londra, ma chi non può permetterselo potrà godersi una vista simile bevendo qualcosa al ristorante del 7° piano oppure al caffè al 4° piano della Tate Modern (p9). Altri locali panoramici sono People's Palace (v. sopra) e Le Pont de la Tour (p76). Il Blue Print Café del Design Museum (v. p30) fornisce persino il binocolo su ogni tavolo, affinché gli ospiti possano ammirare da vicino il Tower Bridge.

South Bank SE1 🕙 12-15
e 17.30-23 ⊖ **Waterloo**

Le Pont de la Tour (3, J5) £££
Francese
Non sorprende che Bill
e Tony (Clinton e Blair) ab-

La sala del People's Palace

biano cenato qui. Formale
senza intimidire, questo
ristorante offre un eccellente assortimento di pesce
e sontuosi piatti di carne
come lo chateaubriand, il
tutto con sullo sfondo il panorama del Tower Bridge.
☎ 7403 8403 ✉ **Butlers
Wharf Building, 36d Shad
Thames SE1** 🕙 12-15 e
18-23 dom-ven, 18-23 sab
⊖ **Tower Hill**

Tas (3, F5) **££**
Turco
Con il suo delizioso menu
anatolico e gli ambienti

moderni, il Tas è
meritatamente uno
dei locali più famosi
della zona. Accompagna
i suoi squisiti piatti
di pesce, le profumate
carni alla griglia,
il couscous e i pasticci
alle erbe con hummus,
tabouli e olive tonde
e saporitissime.
☎ **7928 1444,
7928 2111**
✉ **33 The Cut SE1**
🕙 **12-23.30 lun-sab,
fino alle 22.30 dom**
⊖ **Southwark/Waterloo**
♿ Ⓥ

L'OVEST

The Cow (2, B3) **££**
Stile pub
Non tutti concordano sul
fatto che il pub-gastronomia di Tom Conran (figlio
di Terence) sia tuttora il
migliore della città. Prima
di dire la vostra, provate le
ostriche con la Guinness o i
gamberi con la maionese e
poi decidete.
☎ 7221 5400 ✉ 89
Westbourne Park Rd W2
🕙 pasti serviti 12.30-15
e 18.30-22.30 ⊖ **West-
bourne Park/Royal Oak**

E&O (2, B3) **£££**
Asiatico
L'E&O (Eastern & Oriental),
con i suoi interni in laminato
finto legno e le tovaglie
bianche, è uno dei numerosi
locali del ristoratore Will
Ricker e propone cucina asiatica: dim sum, sushi, sashimi,
tempura, croccante anatra
e merluzzo nero raramente
deludono la clientela.
☎ 7229 5454 ✉ 14
Blenheim Crescent W11

🕙 12.15-15 e 18.15-
22.30 lun-sab, 12.15-16
e 18.15-22 dom
⊖ **Ladbroke Grove**

The Gate (2, A5) **££**
Vegetariano
Questo ristorante vegeta-
riano, da tempo popolare,
è tuttora considerato il
migliore della città anche
per i fantasiosi antipasti e i
dessert. Grazie alla sua suggestiva posizione accanto a
una chiesa, ha un'atmosfera
tranquilla e accogliente.
☎ 8748 6932
✉ **51 Queen Caroline St
W6** 🕙 12-15 lun-ven,
18-22.45 lun-sab
⊖ **Hammersmith**
♿ Ⓥ

Geales (2, B4) **££**
Pesce
Aperto 65 anni fa, è un
ristorante di *fish-and-chips*
di lusso, dove tutto viene
pagato secondo il peso e la
stagione: si spende parec-
chio, ma ne vale la pena.

Il *dehor* del Geales

☎ **7727 7528**
✉ **2 Farmer St W8**
🕙 **12-15 e 18-23 lun-sab,
18-22.30 dom**
⊖ **Notting Hill Gate** ♿

Lucky Seven (2, B3) **££**
Americano
Anche se costosa, l'interpretazione data da Tom Conran
di un ristorante americano è
abitualmente piena di clienti
che gustano gli hamburger di
carne o le prime colazioni a
base di frittelle e grandi tazze
di caffè. Arrivate presto, altrimenti dovrete aspettare.

☎ 7727 6771
✉ 127 Westbourne Park Rd W2 ⏰ 19-23 lun-sab, 9-23 dom
⊖ Westbourne Park

Mandola (2, B3) £
Africano
Non c'è niente di meglio che ordinare un falafel con succo di lime in questo bel caffè sudanese dove il servizio non va certo di fretta. Di solito il curry di verdure *fifilia* e lo *shorba fule*, insolita zuppa di carne e arachidi, valgono l'attesa.

☎ 7229 4734
✉ 139-141 Westbourne Grove W2 ⏰ 12-23 mar-dom, 18-23 lun
⊖ Bayswater ♿ Ⓥ

River Café (2, A6) ££££
Italiano
Questo ristorante è frequentato dal jet-set di Fulham e dalla nuova élite laburista, perciò prenotate se volete assaggiare i suoi piatti di stagione cucinati con cura, ammirando il panorama del fiume.

☎ 7381 8824 ✉ Thames Wharf, Rainville Rd W6

⏰ 12.30-15 e 19-21.30 lun-sab ⊖ Hammersmith

Sausage & Mash Café (2, B3) £
Britannico
Uno dei primi a seguire la moda di reinventare i tipici piatti inglesi, questo locale appartenente alla catena S&M propone decine di tipi diversi di salsicce (anche vegetariane) e varie versioni del cremoso purè.

☎ 8968 8898
✉ 268 Portobello Rd W10
⏰ 11-22 mar-dom ⊖ Ladbroke Grove ♿ Ⓥ

CAFFÈ DEL WEST END

Soho offre quanto di più simile alla cultura continentale del caffè abbia Londra. Perciò quando avete bisogno di una pausa dalla folla, rifugiatevi in uno di questi bar.

Bar Italia (6, C2) £
Caffè
Immortalato da Jarvis Cocker alla fine degli anni '90 come ritrovo di nottambuli, questo locale propone caffè, torte di crema portoghese e un bancone stile anni '50.

☎ 7437 4520
✉ 22 Frith St W1
⏰ 24 ore su 24
⊖ Tottenham Court Rd

Maison Bertaux (6, D2) £
Caffè
Nei piccolissimi due piani di questo caffè, inaugurato 130 anni fa, si affollano turisti e clienti abituali, attratti dai bignè di cioccolato e dalle elaborate torte.

☎ 7437 6007
✉ 28 Greco St W1
⏰ 9-20
⊖ Tottenham Court Rd

Patisserie Valerie (6, C2) £
Caffè
Non appena vi sarete deliziati con una delle torte glassate di questa pasticceria, portatevene un'altra a casa in una scatola con i nastri.

☎ 7437 3466
✉ 44 Old Compton St W1
⏰ 7.30-20.30 lun-ven, 8-20.30 sab, 9-18.30 dom
⊖ Tottenham Court Rd/Piccadilly Circus

Star Caffé (6, C1) £
Caffè
Con i suoi manifesti all'antica e l'arredamento europeo, questo locale è ben noto agli impiegati degli studi televisivi e radiofonici che lo frequentano a colazione.

☎ 7437 8778
✉ 22 Great Chapel St W1
⏰ 7-17
⊖ Tottenham Court Rd/Oxford Circus

Sono un piacere anche per gli occhi i dolci della Patisserie Valerie

Divertimenti

Spettacoli e intrattenimento sono fra le principali ragioni per visitare Londra, che ha i più bei pub che esistano fuori dall'Irlanda, il miglior balletto classico esclusa la Russia, e il più interessante cartellone teatrale in lingua inglese. Persino le star di Hollywood chiedono il minimo sindacale pur di esibirsi su questi palcoscenici.

Aggiungete a tutto questo una vivace scena musicale, discoteche alla moda, belle commedie e numerosi film, ed ecco che comincerete a capire le parole di Samuel Johnson, secondo il quale 'chi è stanco di Londra, è stanco della vita'. Stanchi di vivere? No, perché se fate tutto nel modo giusto, ve ne andrete da Londra semplicemente stanchi (ma felici).

Prenotazioni

Ecco il nostro consiglio: prenotate sempre, se possibile, perché i biglietti spariscono in fretta. Le biglietterie dei teatri e delle sale da concerto aprono dal lunedì al sabato dalle 10 alle 20 o 21, ma spesso si fa prima ad acquistare i biglietti tramite **Ticketmaster** (☎ 7344 4444; www.ticketmaster.co.uk), pagando un supplemento. Questa agenzia gestisce anche i concerti, gli ingressi alle principali discoteche, gli spettacoli teatrali, gli appuntamenti sportivi e altro ancora.

Chi prenota all'ultimo minuto può ricorrere alla **biglietteria** (6, D3 ☼ 10-19 lun-sab, 12-15 dom ⊖ Leicester Sq) situata nella torre dell'orologio sul lato sud di Leicester Square, che vende a metà prezzo i biglietti degli spettacoli teatrali del West End che hanno luogo il giorno stesso, applicando una commissione ragionevole. In alternativa, è possibile riuscire ad acquistare i biglietti resi alle biglietterie dei teatri, sempre il medesimo giorno dello spettacolo. I biglietti per i posti in piedi (studenti) sono talvolta disponibili un'ora prima dell'inizio.

Ovviamente, ci sono anche i bagarini che vendono i biglietti dei concerti a prezzi esorbitanti. Fate attenzione anche alle agenzie nei pressi di Leicester Square, che pubblicizzano la vendita di biglietti teatrali a metà prezzo senza citare le esose commissioni.

Leggete e saprete tutto

Le informazioni contenute in questa guida erano corrette al momento della sua stesura, ma prezzi, locali e molte altre cose di Londra cambiano rapidamente, perciò vi consigliamo di consultare la rivista di annunci *Time Out* (£2,35; che esce martedì/mercoledì), reperibile ovunque, e *Metro Life*, supplemento del giovedì del quotidiano *Evening Standard*. Visit London ha una **London Line** (☎ 09068 663344). Vale inoltre la pena di consultare i seguenti siti: www.clubin london.co.uk, www.latenightlondon. co.uk e www.pubs.com.

Unitevi alla folla di cinefili che frequentano il National Film Theatre (v. p93)

Manifestazioni di particolare rilievo

Per festival e manifestazioni di Londra e dintorni consultate il quindicinale di Visit London intitolato *Events in London* oppure il suo opuscolo *Annual Events*, o anche il sito dell'ente (www.visitlondon.com).

Gennaio *London Parade* – a Capodanno, il Lord Mayor di Westminster guida un corteo di 10.000 musicisti e artisti di strada da Parliament Square a Berkeley Square

Fine gennaio/primi di febbraio *Capodanno Cinese* – danze del leone a Soho

Marzo *Oxford & Cambridge Boat Race* – tradizionale gara di canottaggio sul Tamigi da Putney a Mortlake

Fine marzo/primi di aprile *London Marathon* – è la corsa su strada più nota al mondo: 35.000 concorrenti percorrono 26 miglia (42 km) da Greenwich Park al Mall

Maggio *Chelsea Flower Show* – la più famosa fiera orticola del mondo si svolge al Chelsea Royal Hospital

Giugno *Trooping the Colour* – il compleanno ufficiale della regina si celebra con sfilate in pompa magna a Horse Guards Parade, Whitehall

Fine giugno/primi di luglio *Wimbledon Lawn Tennis Championships* – il celebre torneo di tennis (p96) si tiene per due settimane
City of London Festival – spettacoli musicali, balletti, teatro di strada e molto altro nelle chiese e nelle piazze della City

Luglio *Hampton Court Palace International Flower Show* – fiori a profusione in uno dei più bei giardini di Londra
London Pride March & Mardi Gras – corteo di gay e lesbiche da Hyde Park e grande festa a Finsbury Park

Luglio-settembre *The Proms* – festival di musica classica che ha luogo alla Royal Albert Hall (p91)

Agosto *Notting Hill Carnival* – carnevale in stile caraibico (una delle più grandi feste all'aperto d'Europa) a Notting Hill l'ultima domenica e lunedì del mese

Settembre *London Open House* – cade il terzo fine settimana del mese: ingresso libero a circa 550 edifici e altri siti abitualmente chiusi al pubblico
Pearly Harvest Festival Service – un centinaio di Pearly Kings and Queens (abitanti dell'East End che indossano un elaborato abito cockney) si ritrovano alla funzione di St Martin-in-the-Fields (p35)

Ottobre-novembre *Dance Umbrella* – compagnie di ballo contemporaneo britanniche e internazionali si esibiscono in vari luoghi di Londra per cinque settimane

Novembre *Guy Fawkes Day* – il 5 novembre si celebra l'anniversario del tentato colpo di stato cattolico del 1605, con fuochi d'artificio e falò in diversi parchi cittadini
State Opening of Parliament – la regina fa visita al Parlamento con la carrozza di gala, tra salve di cannone
London Film Festival – si svolge nelle sale cinematografiche di Leicester Square e dintorni e nel National Film Theatre, South Bank
Lord Mayor's Show – il secondo sabato di novembre il sindaco neoeletto va da Guildhall alle Royal Courts of Justice sulla carrozza di gala, tra carri allegorici, bande e fuochi d'artificio
Remembrance Sunday – la seconda domenica del mese la regina e i membri del governo depongono corone di fiori al Cenotafio, per commemorare i caduti delle due guerre mondiali

Dicembre *Lighting of the Christmas Tree* – Trafalgar Square

PUB E BAR

Anche in altri paesi ci sono i pub, ma di solito non hanno nulla a che vedere con quelli del Regno Unito dove per secoli si è perfezionata l'arte di sorseggiare un boccale di birra in un'atmosfera gioviale. Inoltre, la maggior parte dei pub inglesi ha conservato l'arredo originale. Per maggiori informazioni, consultate la guida *Londra*, pubblicata da EDT, la guida *Time Out Pubs & Bars* (£6,99) della Lonely Planet, oppure il sito www.pubs.com.

The Anchor
Bankside (3, G4)

Questo caotico locale settecentesco si affaccia a nord sul Tamigi, verso la City, ed è popolare in estate, quando i clienti si dirigono dalla sala dove il lessicografo dr. Johnson 'lavorò' in passato verso la terrazza sul lungofiume.
☎ 7407 1577
✉ 34 Park St SE1
⊖ London Bridge
♿ (solo ristorante)

The Black Friar (3, F4)

Questa parte di edificio ha una facciata in stile Art Nouveau, ma non vi accorgerete di essere entrati in uno dei migliori pub di Londra fino a quando non avrete visto i mosaici, le colonne e i caminetti. Propone anche un'ottima bitter.
☎ 7236 5474
✉ 174 Queen Victoria St ⏱ 11.30-23 lun-ven
⊖ Blackfriars

Bluu (3, H1)

Questo bar alla moda è una delle roccaforti della vita notturna di Hoxton. Rilanciato nel 2004, ha una bellissima posizione che lo rende un ottimo punto di partenza per visitare la zona.
☎ 7613 2793
✉ 1 Hoxton Sq N1
⏱ 10-23.30 lun-gio, 10-24 ven e sab, 12-22.30 dom ⊖ Old St

Café Kick (3, F1)

Tre tavolinetti sono il fulcro di questo bar spartano che ha un'atmosfera continentale e clienti che bevono birra guardandosi attorno. Il locale gemello Bar Kick (3, H1 ☎ 7739 8700; 127 Shoreditch High St E1 ⊖ Old St) ha tavoli di normali dimensioni.
☎ 7837 8077
✉ 43 Exmouth Market EC1 ⊖ Farringdon

Cantaloupe (3, J2)

Antesignano della vita notturna di Hoxton, il Cantaloupe è ritornato a essere un piacevole e informale gastropub.
☎ 7613 4411
✉ 35-43 Charlotte Rd EC2

Divertitevi al Café Kick

⏱ 11-24 lun-ven, 12-24 sab, 12-23.30 dom ⊖ Old St ♿ (solo ristorante)

The Coach
& Horses (6, D2)

Questo bar è frequentato da giornalisti, forti bevitori, aspiranti scrittori e turisti.
☎ 7437 5920
✉ 29 Greek St W1
⊖ Leicester Sq

Crown & Goose (4, C3)

Posto alla giusta distanza dal Camden Market così da farvi sentire uno del posto, questo pub ha un'atmosfera tranquilla tra le sue pareti verdi, e birra e cibi a prezzi contenuti.
☎ 7485 8008
✉ 100 Arlington Rd NW1
⊖ Camden Town

Dreambagsjaguarshoes
(3, J1)

Ex negozio di scarpe e borse, è il tipico esempio dello stile trasandato-chic di

Orari

Le leggi che regolano gli orari di chiusura dei locali londinesi sono sempre più permissive, per cui ben presto i pub resteranno aperti fino alle ore piccole. Noi abbiamo considerato validi gli orari abituali – dal lunedì al sabato dalle 11 (talvolta 12) alle 23, e la domenica dalle 12 alle 22.30 – e segnalato soltanto le variazioni.

Shoreditch, con pavimenti in legno, pareti in mattoni a vista, divani in pelle e una clientela informale.
☎ 7739 9550 ✉ 34-36 Kingsland Rd E2 🕒 17-24 lun-ven, 12-24 sab, 12-23.30 dom ⊖ Old St

Embassy (2, G2)

Il DJ bar più in voga di Islington è pieno di musicisti e personaggi dello spettacolo, che tracannano birra sprofondati nei comodi sofà e poltrone, gustandosi l'atmosfera animata del locale.
☎ 7359 7882 ✉ 119 Essex Rd N1 🕒 18-23 lungio, 18-1 ven-sab, 15-22.30 dom ⊖ Angel oppure 🚌 38, 56, 73

French House (6, C2)

Luogo di ritrovo dei membri di Free French durante la seconda guerra mondiale, questo bar è il posto giusto dove bere vino rosso o una mezza pinta di birra, godendo della compagnia di alcuni personaggi eccentrici e bohèmien.
☎ 7437 2799 ✉ 49 Dean St ⊖ Leicester Sq

The Flask (2, C1)

Alti soffitti, ornamenti vittoriani e ottima birra caratterizzano questo locale accogliente e comodo.
☎ 7435 4580 ✉ 14 Flask Walk NW3 ⊖ Hampstead 🚻 (fino alle 19)

Fluid (3, G2)

I ragazzi alla moda di Clerkenwell amano i martini al lampone, il sushi e i giochi anni '70 di questo locale a tema giapponese e dalle luci soffuse.

☎ 7253 3444 ✉ 40 Charterhouse St EC1 🕒 12-24 mar e mer, 12-2 gio e ven, 19-2 sab, 12-18.30 dom ⊖ Farringdon

The George Inn (3, H5)

L'ultima stazione di posta per le carrozze ancora esistente a Londra (costruita nel 1676), citata nei *Racconti di Canterbury* di Chaucer e ne *La piccola Dorrit* di Dickens, oggi è suggestiva soprattutto per i soffitti bassi e l'arredamento in legno scuro.
☎ 7407 2056 ✉ Talbot Yard, 77 Borough High St SE1 ⊖ Borough/London Bridge

Lab (6, C2)

Raffinato cocktail bar molto popolare situato nel cuore di Soho.
☎ 7437 7820 ✉ 12 Old Compton St W1 🕒 16-24 lun-sab, 12-22.30 dom ⊖ Tottenham Court Rd/Leicester Sq

The Lamb & Flag (6, E3)

Questo piacevole edificio secentesco di Covent Garden, simile a un loft, è sempre strapieno. Si raggiunge da un vicolo e vanta una lunghissima storia.

I Top 5 tra i pub storici

- Anchor Bankside   p80
- Black Friar   p80
- George Inn   v. a lato
- Lamb & Flag   v. a lato
- Mayflower   p82

☎ 7497 9504 ✉ 33 Rose St WC2 ⊖ Covent Garden/Leicester Sq 🚻

The Legion (3, H1)

I DJ bar all'ultima moda di Heavenly Records sono arrivati anche a Hoxton, con il loro solito abbinamento di eccellenti jukebox, ottimi cibi da bar e una simpatica atmosfera da pub. Altri locali della medesima catena sono Social (3, C3 ☎ 7636 4992; 5 Little Portland St ⊖ Oxford Circus), frequentato da gente dei media, e Social (2, G2 ☎ 7837 7816; 418 Arlington Sq N1 ⊖ Angel) di Islington, con clientela principalmente composta da trentenni.
☎ 7729 441 ✉ 348 Old St 🕒 11-24 lun-sab, 12-22.30 dom ⊖ Old St

Fluid, l'ultima moda dei filo-giapponesi

Al Vibe Bar gli eventi musicali non mancano mai

Loungelover (3, J2)

Come il suo gemello Les Trois Garçons (v. p71), questo bar ha un look vistoso ed eccentrico, e offre drink costosi tra candelabri, antiquariato e confortevoli poltrone: perfetto per tenervi una festa.

☎ 7012 1234
✉ 1 Whitby St E1

🕐 18-24 lun-sab
🚇 Liverpool St

Market Bar (2, B3)

È comodo per fare shopping al Portobello Market, e merita una visita anche durante le sere del fine settimana quando ci sono i DJ. Al piano superiore un ristorante thailandese.

☎ 7229 6472
✉ 230a Portobello Rd W11 🕐 12-23 lun-gio, fino alle 24 ven e sab, fino alle 22.30 dom
🚇 Ladbroke Grove

Mayflower (2, J4)

Questo storico pub del lungofiume prende il nome dalla nave che portò i Padri Pellegrini in America nel 1620 da Rotherhithe, e ha scricchiolanti pavimenti e separé che si dice siano stati costruiti proprio con il legno della Mayflower.

☎ 7237 4088
✉ 117 Rotherhithe St SE16 🚇 Rotherhithe/Canada Water

Medicine Bar (2, F1)

Circondato dai locali delle catene insediatesi in gran nume-ro a Upper St, l'originale Medi-cine Bar offre serate divertenti a una clientela più o meno giovane.

☎ 7704 9536
✉ 181 Upper St N1
🕐 17-24 lun-gio, 17-2 ven, 14-2 sab, 15-22 dom
🚇 Highbury e Islington

Quale birra scegliere

In un pub londinese potrete certamente ordinare del vino oppure un cocktail, ma la vera ragion d'essere di questo tipo di locale è un'altra. In questa nazione di forti bevitori, nessuno avrà niente da ridire sul motto 'Siamo qui per la birra'. Di solito il liquido ambrato viene servito in boccali da una pinta (570 ml) o mezza pinta (285 ml), ma se ordinate birra alla spina potrete scegliere tra lager, ale o stout. Il termine 'lager' indica una birra molto schiumosa con medio aroma di luppolo, che si beve fredda in tutto il mondo, mentre le 'ale', pochissimo gasate, di solito hanno un forte aroma di luppolo e si bevono a temperatura ambiente. La London Pride di Fuller e le birre Young sono marche locali, ma se avete dei dubbi chiedete semplicemente una 'bitter' (birra dal ricco aroma di malto che ha un sapore più amaro). 'Stout', infine, definisce una birra densa e scura, come Guinness o Murphy's.

Princess Louise (3, E3)

Locale storico e splendido dal punto di vista architettonico, che spesso è pieno di gente fino al soffitto vittoriano (con travi a vista).
☎ 7405 8816 ✉ 208 High Holborn WC1 ☽ chiuso dom ⊖ Holborn 🚻

Fra le calde luci del Princess Louise

The Salisbury (6, D3)

In questo pub del 1898, recentemente rimodernato, dovrete farvi largo tra una folla di avventori per poter ammirare le bellissime vetrate vittoriane e i sontuosi lampadari art nouveau.
☎ 7836 5863 ✉ 90 St Martin's La WC2 ⊖ Leicester Sq

Trafalgar Tavern (5, B2)

Frequentato un tempo da Charles Dickens e dai primi ministri Gladstone e Disraeli, questo pub, bellissimo benché turistico, vanta una bella vista sul Tamigi e sul Millennium Dome.
☎ 8858 2437 ✉ Park Row SE10 🚇 DLR Cutty Sark 🚻

Vibe Bar (3, J2)

Sia bar sia discoteca, il Vibe offre ai suoi clienti consunti divani in pelle, spesso pieni di gente quando si esibiscono DJ e gruppi musicali.
☎ 7377 2899 ✉ The Truman Brewery, 91-95 Brick La E1 ☽ 11-23.30 lun-gio, fino all'1 ven e sab, 11-22.30 dom ⊖ Liverpool St/Aldgate East

Ye Olde Mitre (3, F3)

Fondato nel 1546, è uno dei pub più antichi e caratteristici di Londra, sebbene di dimensioni assai ridotte.
☎ 7405 4751 ✉ 1 Ely Ct, a pochi passi da Hatton Garden EC1 ☽ 11-23 lun-ven ⊖ Chancery La

DISCOTECHE

Nonostante il duraturo successo della grandissima (seppur piacevole) discoteca Fabric e della malandata 333, i londinesi preferiscono le discoteche più piccole e meno congestionate, con varie piste che propongono differenti stili musicali.

93 Feet East (2, H3)

I buttafuori all'ingresso di questo locale si spiegano con le bellissime serate di musica elettronica e underground asiatica e con l'eccellente ambientazione in uno spazioso magazzino.
☎ 7247 3293 ✉ 150 Brick La E2 💷 discoteca £5-10 ☽ discoteca 20-2 gio-sab, bar 11-23 ⊖ Liverpool St

333 (3, J1)

Questa discoteca per studenti in stile Hoxton è suddivisa su tre piani e propone ogni genere di musica, dal breakbeat e dalla techno al funk ai due piani inferiori, mentre all'ultimo si trova il più raffinato bar Mother.
☎ 7739 5949 ✉ 333 Old St EC1 💷 discoteca £5-10 ☽ 22-5 ven e sab, 22-4 dom; Mother Bar 20-2 ⊖ Old St

Aquarium (3, H1)

Palestra trasformata in discoteca e dotata di piscina, ha un grande successo da quando il sabato sera accoglie la musica anni '70 di Carwash. Qui la regola è di vestire decisamente retrò, e la domenica si balla con vecchia musica house, garage e R & B.
☎ 7251 6136, 0870 246 1966 ✉ 256-260 Old St EC1 💷 £12-15 ☽ 22-3 sab, 22-4 dom ⊖ Old St

Cargo (3, J1)

Il programma musicale più innovativo di tutta Londra e un'atmosfera simpatica rendono questo bar/ristorante/discoteca, situato sotto le arcate in mattoni della ferrovia, uno dei più interessanti della città.
☎ 7739 3440 ✉ 83 Rivington St EC2 💷 £5-10 ☽ 12-1 lun-gio, fino alle 3 ven, 18-3 sab, 12-24 dom ⊖ Old St

The Cross (2, E2)

Situato nella zona di King's Cross, questo bellissimo luogo di ritrovo è disposto su tre piani e ha clientela simpatica, pista all'aperto e DJ famosi, compreso Seb Fontaine.

☎ 7837 0828
✉ Goods Way Depot, York Way N1
£ £10-15 🕑 22.30-5 ven e sab, 22.30-4 dom
⊖ King's Cross St Pancras

Egg (2, F1)

Spesso paragonato alle discoteche di New York, il venerdì questo locale molto alla moda ha una caratteristica atmosfera poli-sessuale.

☎ 7428 7574
✉ 5-13 Vale Royal, off York Way N1
£ £10-15 🕑 22-4 ven, fino alle 5 sab ⊖ King's Cross St Pancras

The End (6, E1)

Famosa discoteca del West End con arredo minimalista e clientela alla moda.

☎ 7419 9199
✉ 18 West Central St

WC1 £ £5-15
🕑 22-3 lun-mer, 22-4 gio, 22-7 ven e sab
⊖ Holborn

Fabric (3, F2)

Super-discoteca dove la gente fa la fila per entrare in questo labirinto fumoso su tre piani, con tre bar e molte passerelle per ascoltare famosi DJ all'opera.

☎ 7336 8898, 7490 0444
✉ 77a Charterhouse St EC1 £ £10-15
🕑 9.30-17 ven e dom, 22-7 sab ⊖ Farringdon

The Fridge (2, F6)

Dopo essere stato per un decennio uno dei più importanti luoghi di ritrovo di Londra, il Fridge è stato rimodernato e oggi si orienta verso un'atmosfera più informale.

☎ 7274 2879 ✉ 1 Town Hall Pde, Brixton Hill SW2
£ £10-15 🕑 22-6 ven e sab ⊖ Brixton

Mass (2, F6)

Sistemata in una chiesa sconsacrata, con soffitti a volta, panche e affreschi, Mass ('messa' in inglese) dedica il venerdì sera al Fetish, e sabato sera al Dekefex, misto di drum 'n' bass e hip-hop. Qui si trova anche il Bug Bar.

☎ 7737 1016
✉ St Matthew's Church, Brixton Hill SW2
£ discoteca £12-20
🕑 22-6 ven e sab, e Bug Bar 22-2 gio ⊖ Brixton

Ministry of Sound (3, G6)

Non più solo una discoteca ma un marchio di fama mondiale, Ministry è stata completamente ristrutturata alla fine del 2003.

☎ 7378 6528 🖳 www.ministryofsound.co.uk
✉ 103 Gaunt St SE1
£ £12-15
🕑 22.30-6 ven, 12-9 sab
⊖ Elephant e Castle

Tre localini interessanti

Se le megadiscoteche non fanno per voi, provate uno dei seguenti locali:

- **Bar Rumba** (6, C3 ☎ 7287 2715; 36 Shaftesbury Ave W1 ⊖ Piccadilly Circus) Musica eclettica, soprattutto il lunedì, quando c'è il DJ Gilles Peterson.
- **Cherry Jam** (2, C3 ☎ 7727 9950; 58 Porchester Rd W2 ⊖ Royal Oak) Serate con musica disco, come il giovedì Yo-Yo, e poi musica dal vivo, conferenze e altri eventi artistici.
- **Herbal** (3, J1 ☎ 7613 4462; 10-14 Kingsland Rd E2 ⊖ Old St) Cercate l'erba di plastica alle pareti, per trovare questo piccolo locale affollato che si trova nella parte più trasandata di Hoxton.

Notting Hill Arts Club (2, B4)

La deliziosa discoteca di Ben Watts (Everything But The Girl) richiama la clientela per la Death Disco del mercoledì, animata dal boss di Creation Records Alan McGee e dai suoi ospiti, ma in questo locale qualunque serata è divertente.

☎ 7460 4459 ✉ 21 Notting Hill Gate W11 £ £5-6 ⏲ 18-1 mar-gio, 18-2 ven e sab, 16-23 dom ⊖ Notting Hill Gate

Pacha (3, B6)

Questo sontuoso avamposto della famosa discoteca 'Ibeefa'– con rivestimenti in legno di quercia, separé tappezzati e vetri a piombo – attira una clientela elegante con il suo repertorio soul, funky disco, boogie e hip-hop.

☎ 7834 4440 ✉ Terminus Place SW1 £ £20 ⏲ 22-6 ven e sab ⊖ Victoria

---

Torniamo a scuola

Gli scherzi goliardici e le classiche uniformi che hanno stuzzicato la fantasia di milioni di scolari, oggi hanno ispirato una discoteca londinese: ogni fine settimana, migliaia di persone indossano la camicia bianca e la cravatta e corrono alla School Disco.

Scherzi e buffonate da vecchie scolaresche si alternano tra il **Sound** (6, C3 ☎ 7287 1010; 10 Wardour St W1 ⊖ Leicester Sq/Piccadilly Circus) il venerdì e il **Po Na Na Hammersmith** (2, A5 ☎ 8600 2300; 242 Shepherd's Bush Rd W6 ⊖ Hammersmith) il sabato, ma è meglio informarsi sul calendario aggiornato degli eventi. L'ingresso costa da £10 a £15 e l'uniforme è obbligatoria.

Studio 33 (2, F5)

Questo piccolo e raffinato luogo di ritrovo è una delle numerose nuove discoteche di Vauxhall e organizza la serata Peach di house/trance. Il party Milk prosegue fino al mattino.

☎ 7820 1702 ✉ 101 Tinworth St, off Albert Embankment SE11 £ £8-12 ⏲ 22-6 ven, 7-13 e 22-5 sab, 7-13 dom ⊖ Vauxhall

Turnmills (3, F2)

Questa discoteca, una istituzione della scena house londinese, ha aperto un ristorante all'ultimo piano.

☎ 7250 3409 ✉ 63 Clerkenwell Rd EC1 £ £8-15 ⏲ 18-24 mar, 22.30-7.30 ven, 21-13 sab, 22-6 dom ⊖ Farringdon

---

SEMPRE APERTI

A Londra la definizione 'sempre aperto' può essere del tutto relativa, poiché solo le discoteche e pochi altri locali non chiudono alle 23. Le leggi, però, stanno cambiando. A differenza di discoteche e DJ bar, i seguenti luoghi di ritrovo non fanno pagare il biglietto d'ingresso, ma talvolta, per bere qualcosa, si deve anche ordinare qualcosa da mangiare (v. p64 per la guida dei simboli relativi ai prezzi).

Caffè e ristoranti

1997 Special Zone (6, C3) £

I giovani alla moda frequentano questo locale dopo la discoteca, per gustare l'anatra alla pechinese e la buona zuppa di tagliolini in un'atmosfera animata.

☎ 7734 2868 ✉ 19 Wardour St W1 ⏲ 8-4 ⊖ Piccadilly Circus/ Leicester Sq

Café Boheme (6, C2) ££

Brasserie alla francese con camerieri di bell'aspetto che servono pasti fino alle ore piccole.

☎ 7734 0623 ✉ 13 Old Compton St W1 ⏲ 8-2.30 lun-sab, 8-23 dom ⊖ Tottenham Court Rd/Leicester Sq

Mezzo (6, C2) £££

Il Mezzonine al pianterreno serve cucina asiatica fusion ed è aperto fino a tardi; è inoltre più economico dell'imponente Mezzo, che si trova nel seminterrato e si raggiunge da una grande scala a chiocciola.

☎ 7314 4000
🖳 www.conran.com
✉ 100 Wardour St W1
🕑 Mezzo 18-0.30 lun-gio, fino alle 2.30 ven e sab, fino alle 22.30 dom; Mezzonine 17.30-1 lun-gio, fino alle 3 ven e sab ⊖ Piccadilly Circus

Pub e bar

Bar Soho (6, C2)
Gay ed etero frequentano questo simpatico bar aperto fino a tardi, situato in una delle vie principali di Soho.

☎ 7439 0439 ✉ 23-25 Old Compton St W1 🕑 16-1 lun-gio, 16-3 ven e sab, 16-0.30 dom ⊖ Piccadilly Circus/Leicester Sq

Charlie Wright's International Bar (3, H1)
Buona birra e un mix eclettico di nottambuli rendono questo locale perfetto per chi ama tirar tardi a Hoxton.

☎ 7490 8345 ✉ 45 Pitfield St N1 🕑 12-1 lun-mer, 12-2 gio-dom ⊖ Old St 🚻 fino alle 19

Sempre aperti
Questi locali restano aperti 24 ore su 24:
- **Bar Italia** (6, C2) Leggendario caffè italiano (v. p77) dall'atmosfera anni '50.
- **Brick Lane Beigel Bake** (3, J2 ☎ 7729 0616; 159 Brick La E2; ££ ⊖ Old St) Bagel per tassisti, discotecari e insonni.
- **Old Compton Café** (6, C2 ☎ 7439 3309; 34 Old Compton St W1; £ ⊖ Piccadilly Circus/Tottenham Court Rd) Infiniti tipi di panini.
- **Tinseltown** (3, F2 ☎ 7689 2424; 44-46 St John's St EC1; £ ⊖ Farringdon) Locale in stile americano per mangiare qualcosa dopo la discoteca o prima di andare al lavoro, nello Smithfield Market.
- **Vingt-Quatre** (2, C5 ☎ 7376 7224; 325 Fulham Rd SW10; ££ ⊖ South Kensington, poi autobus 14 o 211) Pranzo e cena, ma spuntini soltanto dopo la chiusura del bar a mezzanotte.

Mash (3, C3)
I londinesi alla moda definiscono questo birrificio/bar/ristorante un po' superato, ma a noi continuano a piacere il bar al pianterreno e il murale di Marc Newson con le ragazze in bikini.

☎ 7637 5555
✉ 19-21 Great Portland St W1 🕑 11-24 lun e mar, 11-2 mer-sab ⊖ Oxford Circus

La dolce vita al Bar Italia

ROCK E POP

Se volete ascoltare un concerto di una superstar a Wembley, Earl's Court o alla London Arena, oppure partecipare all'evento musicale dell'anno, Londra offre probabilmente la miglior scena musicale di tutto il mondo. Gli orari indicati si riferiscono agli eventi musicali, mentre i locali di ritrovo che li ospitano (pub, discoteche, ecc.) possono restare aperti anche con orari più lunghi.

Mega-ritrovi

Brixton Academy (2, F6)
Sporco ma molto popolare ex teatro che ospita artisti internazionali o nazionali del calibro di Jet e Massive Attack. Il pavimento in discesa consente di vedere lo spettacolo anche in mezzo a 4000 persone.

☎ 7771 2000 🖳 www.brixton-academy.co.uk ✉ 211 Stockwell Rd SW9 £ £10-20 🕑 variabili ⊖ Brixton

Earl's Court Exhibition Centre (2, B5)
L'arena più centrale di Londra è bella ma senz'anima.

L'acustica non è niente di eccezionale, ma in fondo si viene per vedere gli artisti. ☎ 7385 1200, 0870 903 9033 🖥 www.eco.co.uk ✉ Warwick Rd SW5 £ £5-50 🕙 variabili ✚ Earl's Court

Di medie dimensioni

The Forum (2, E1)

Questo ex cinema art déco all'epoca della nostra ricerca ospitava anche The Church, celebre pomeriggio della domenica per i più sfrenati. ☎ 7344 0044 🖥 www. meanfiddler.com ✉ 9-17 Highgate Rd NW5 £ £5-15 🕙 variabili ✚ Kentish Town

Hackney Ocean (2, J1)

Nonostante una vaga atmosfera da parco dei divertimenti, è frequentato per il suo ambiente gradevole e la buona acustica. ☎ 8533 0111 🖥 www. ocean.org.uk ✉ 270 Mare St E8 £ £1-30 🕙 variabili 🚇 Hackney Central

Shepherd's Bush Empire (2, A4)

Questo piacevole locale ha un solo difetto: il pavimento privo di pendenza, che rende scarsa la visibilità dal fondo verso il palco. ☎ 7771 2000 🖥 www. shepherds-bush-empire. co.uk ✉ Shepherd's Bush Green W12 £ £5-20 🕙 variabili ✚ Shepherd's Bush/Goldhawk Rd

Union Chapel (2, F1)

Questa sala ottagonale è la più suggestiva di Londra: le panche e la balaustra scolpita

All'Underworld si balla fino a tarda notte

a mano sono gli arredi caratteristici dell'altra funzione di questo ritrovo, ovvero quella di luogo di culto. ☎ 0870 120 1349 🖥 www.unionchapel. org.uk ✉ Compton Terrace N1 £ £5-20 🕙 variabili ✚ Highbury e Islington

Piccoli ma... rumorosi

Barfly@The Monarch (4, B2)

La stazione radiofonica alter-nativa Xfm e il settimanale di musica *NME* vi organizzano regolarmente delle serate. ☎ 7691 4244, 7691 4245 🖥 www.barflyclub.com ✉ Monarch pub, 49 Chalk Farm Rd NW1 £ £4-6 🕙 a partire dalle 19.30 mar-dom ✚ Chalk Farm

Borderline (6, C1)

Piccolo e tranquillo bar in un seminterrato, che vanta una buona fama per quanto riguarda le nuove band. ☎ 7734 2095 🖥 www. borderline.co.uk ✉ Orange

Yard, a pochi passi da Manette St W1 £ £5-10 🕙 20-23 lun-ven ✚ Tottenham Court Rd

Bull & Gate (2, E1)

Famoso locale alla moda. ☎ 7485 5358 🖥 www. bulland gate.co.uk ✉ 389 Kentish Town Rd NW5 £ £3-5 🕙 20.30 ✚ Kentish Town

Garage (2, F1)

Qui si esibiscono gruppi di musica indie rock. ☎ 7607 1818 🖥 www. meanfiddler.com ✉ 20-22 Highbury incrocio N5 £ £4-10 🕙 20-24 lun-gio, 20-3 ven e sab ✚ Highbury e Islington

Underworld (4, C3)

Concerti e musica da discoteca sotto il gigantesco pub World's End. ☎ 7482 1932 ✉ 174 Camden High St NW1 £ £3-12 🕙 19-3 (in serate diverse) ✚ Camden Town

JAZZ

Londra ha sempre avuto una dinamica scena jazz, e grazie alle recenti acquisizioni dell'acid-jazz, hip-hop, funk e swing, il panorama è più vario che mai.

100 Club (6, B1)
Ex palcoscenico degli Stones e cuore della rivoluzione punk, questa leggendaria discoteca londinese oggi si dedica soprattutto al jazz. ☎ 7636 0933 ⌨ www.the100club.co.uk ✉ 100 Oxford St W1 £ £7-15 🕒 19.45-24 lun-gio, 12-15 e 20.30-2 ven, 19.30-1 sab, 19.30-23.30 dom ⊖ Oxford Circus/Tottenham Court Rd

Non perdetevi uno dei più celebri jazz club del mondo

Jazz Café (4, C3)
Ristorante in voga; consigliabile prenotare. ☎ 7916 6060 ⌨ www.jazzcafe.co.uk ✉ 5-7 Parkway NW1 £ £10-25 🕒 19-1 lun-gio, fino alle 2 ven e sab, fino alle 24 dom ⊖ Camden Town

Pizza Express Jazz Club (6, C1)
Piccolo locale in un seminterrato, sotto il ristorante della celebre catena, che ospita grandi nomi e tendenze musicali all'ultima moda. ☎ 7439 8722 ⌨ www.pizzaexpress.co.uk ✉ 10 Dean St W1 £ £15-20 🕒 21-23.30 lun-gio e dom, 21-24 ven e sab ⊖ Tottenham Court Rd

Ronnie Scott's (6, C2)
Questo locale ha quasi mezzo secolo di vita ed è sopravvissuto al suo fondatore: probabilmente si tratta del più celebre jazz club del mondo, dove si sono esibiti artisti del calibro di Miles Davis e Ella Fitzgerald. ☎ 7439 0747 ⌨ www.ronniescotts.co.uk ✉ 47 Frith St W1 £ £20 (soci/studenti lun-mer £10/5, gio-dom £15) 🕒 20.30-3 lun-sab, 19.30-22.30 dom ⊖ Leicester Sq/Piccadilly Circus

Da soli

Forse l'idea di viaggiare da soli in una grande città vi intimidisce: effettivamente a Londra nessuno baderà a voi e può darsi che ciò diventi un problema. In una metropoli dove la raccomandazione 'Non parlare con gli sconosciuti' sembra essere stata adottata da tutta la popolazione, sarete fortunati se a un concerto o in un bar qualcuno vi rivolgerà la parola (capita, anche se non così spesso come altrove).

Questo anonimato mette praticamente al sicuro ovunque i viaggiatori solitari. Ma se non volete dare nell'occhio, mangiate in un pub o in un noodle bar come **Wagamama** (3, D3 ☎ 7436 7830; www.wagamama.com; 4a Streatham St WC1 ⊖ Tottenham Court Rd), che ha succursali in tutta la città.

Probabilmente è più facile intavolare una conversazione in uno dei pub dove si trasmettono eventi sportivi in TV, che sono sempre occasione di convivialità. Provate da **Walkabout** (6, E3 ☎ 7379 5555; 11 Henrietta St WC2 ⊖ Covent Garden) o da **Springbok** (6, E3 ☎ 7379 1734; 20 Bedford St WC2 ⊖ Covent Garden). Come a teatro e al cinema, non sarete gli unici ad arrivare da soli.

MUSICA FOLK, TRADIZIONALE E INTERNAZIONALE

Africa Centre (6, E3)
Quasi tutti i venerdì questo centro ospita concerti di musica africana, e altri eventi nel corso della settimana.
☎ 7836 1973 🖳 www.africacentre.org.uk ✉ 38 King St WC2 £ £6-8
🕙 23.30-3 ven ⊖ Covent Garden/Leicester Sq

Cecil Sharp House (4, B3)
In questo quartier generale dell'English Folk Dance & Song Society, si può imparare qualcosa sulle danze moresche e la musica folk inglese.
☎ 7485 2206
✉ 2 Regent's Park Rd NW1 £ £3-6
🕙 a partire dalle 19 (in serate diverse)
⊖ Camden Town

TEATRO

Una cinquantina di teatri del West End londinese mettono in scena spettacoli come l'ormai decennale *Trappola per topi* di Agatha Christie, musical e successi recenti, e ospitano compagnie come la divertente Reduced Shakespeare Company. Ci sono poi teatri meno commerciali e di avanguardia: qui di seguito ne citiamo alcuni.

Almeida (2, F2)
Una delle migliori tra le piccole compagnie indipendenti di Londra, ha ospitato attori come Kevin Spacey e il regista Neil LaBute *(Nella società degli uomini, Betty Love)*.
☎ 73594404 🖳 www.almeida.co.uk ✉ Almeida St N1 £ £14-25 (posti in piedi £12)
🕙 variabili ⊖ Angel/Highbury e Islington

Donmar Warehouse (6, E2)
In questo minuscolo teatro, il regista Sam Mendes *(American Beauty)* ha convinto Nicole Kidman a spogliarsi tutte le sere in *The Blue Room*, e tuttora vi si producono delle commedie intriganti, soprattutto di autori europei.
☎ 7369 1732 🖳 www.donmar-warehouse.com ✉ Earlham St WC2 £ £14-242 (posti in piedi £12) 🕙 variabili ⊖ Covent Garden

Royal Court (2, D5)
I recenti restauri non hanno ammorbidito il Royal Court:

Tempi d'oro

Il teatro londinese sta attraversando un momento molto creativo, e questa è una delle ragioni per visitare subito la capitale. Star di Hollywood come Nicole Kidman, Gwyneth Paltrow, Kevin Spacey e Glenn Close hanno attraversato l'oceano per un compenso di sole £250 a settimana, grazie anche a direttori artistici di talento, a cospicui finanziamenti, a numerosi artisti locali e alla decisione del West End di adottare un approccio sperimentale. Il fatto che uno dei più grandi successi londinesi degli ultimi anni, *Jerry Springer - The Opera*, sia partito da un piccolo teatro di quartiere, per esempio, la dice lunga sull'argomento.

L'unica sfortunata sembra essere la prestigiosa The Royal Shakespeare Company, che ha perso una sede permanente a Londra e attualmente si esibisce in vari teatri del West End. Consultate *Evening Standard* o *Time Out* per informazioni sugli spettacoli teatrali.

dopo aver lanciato *Look Back in Anger* negli anni '60, questo teatro si occupa tuttora esclusivamente di commedie nuove e frizzanti. Appena prima dell'inizio dello spettacolo, si trovano in vendita pochi biglietti a 10p.

☎ 7565 5000 🖥 www.royalcourttheatre.com
✉ Sloane Sq SW1
💷 £9,50-26, lun £7,50
🕐 variabili ⊖ Sloane Sq

Royal National Theatre (3, E4)

Il più importante teatro nazionale ha avuto il suo momento di gloria con il direttore artistico Nicholas Hytner, che ha abbinato i classici a spettacoli di nuovi autori multiculturali, allo scopo di riempire i tre auditorium: Olivier, Lyttleton e Cottesloe.

☎ 7452 3000 🖥 www.nationaltheatre.org.uk
✉ South Bank SE1
💷 £10-34 🕐 variabili
⊖ Waterloo

Teatro per i bambini

Se ai vostri bambini piacciono le marionette, portateli al **Little Angel Theatre** (2, F2 ☎ 7226 1787; 14 Dagmar Passage N1 ⊖ Angel) o al **Puppet Barge Theatre** (2, C3 ☎ 7249 6876; di fronte al 35 Blomfield Rd W9 ⊖ Warwick Avenue): impegnati in tournée in tutto il paese, in autunno e in inverno si esibiscono a Little Venice. Il **BAC** (Battersea Arts Centre; 2, D6 ☎ 7223 2223; www.bac.org.uk; Lavender Hill SW11 ⊖ Clapham Common o 🚉 Clapham Junction oppure 🚌 77, 77A o 345) è un teatro di quartiere che mette in scena spettacoli innovativi per tutte le età, nonché spettacoli di marionette.

Per quanto riguarda il teatro per bambini, consigliamo il **Polka Theatre** (1, C2 ☎ 8543 4888; 240 The Broadway SW19 ⊖ Wimbledon) o lo **Unicorn Theatre** (2, F1 ☎ 7700 0702; Pleasance Theatre, Carpenter's Mews, North Rd N7 ⊖ Caledonian Rd). Per maggiori informazioni sui divertimenti per bambini, v. p40.

SIMON BRACKEN

BALLETTO E DANZA MODERNA

Royal Ballet (6, E2)

Star come Sylvie Guillem, Irek Mukhamedov, Tamara Rojo e Darcey Bussell si esibiscono in interpretazioni moderne e tradizionali dei classici del balletto.

☎ 7304 4000 🖥 www.royalballet.co.uk ✉ Royal Opera House, Bow St WC2
💷 £4-80 🕐 variabili
⊖ Covent Garden

Laban (5, A2)

Corsi di danza, spettacoli degli studenti e della compagnia Transitions, e molti altri eventi hanno luogo dietro la facciata traslucida di questo edificio, degli architetti della Tate Modern, Herzog e de Meuron.

☎ 8691 8600 🖥 www.laban.org ✉ Creekside SE8 💷 £1-15 🕐 variabili
⊖ Deptford oppure
🚉 Greenwich

The Place (3, D1)

Luogo di nascita della danza moderna inglese, questo teatro ospita tuttora spettacoli innovativi, con influenze asiatiche e un tocco di teatralità.

☎ 7387 0031
🖥 www.theplace.org.uk
✉ 17 Duke's Rd WC1
💷 £5-15 🕐 variabili
⊖ Euston

Sadler's Wells (3, F1)

Questo importante teatro (1683) è stato ristrutturato nel 1998 e negli ultimi anni ha ospitato artisti come Pina Bausch e Matthew Bourne.

☎ 7863 8000
🖥 www.sadlers-wells.com ✉ Rosebery Ave EC1 💷 £10-40
🕐 variabili ⊖ Angel

MUSICA CLASSICA E OPERA

Con cinque orchestre sinfoniche, Londra offre una vasta scelta che spazia dalle opere più note a quelle recenti di compositori 'difficili'. I biglietti per l'opera sono piuttosto cari, ma le due compagnie presenti in città offrono sconti.

Barbican (3, G2)

Vale davvero la pena di tuffarsi nel caos dei passaggi pedonali esterni al Barbican per raggiungere l'auditorium dove ha sede la London Symphony Orchestra.
☎ 7638 8891
🖳 www.barbican.org.uk
✉ Silk St EC2 £ £6,50-30, biglietti per posti in piedi, studenti e anziani in vendita solo il giorno dello spettacolo £6,50-9 🕙 variabili
⊖ Moorgate/Barbican

Lo stile vittoriano della Royal Albert Hall

English National Opera (6, D3)

L'ENO presenta opere moderne e accessibili sul fantastico sfondo del Coliseum, recentemente ristrutturato. In certi giorni, i biglietti per posti con visibilità ridotta sono i più convenienti (£3, ma pare aumenteranno).
☎ 7632 8300
🖳 www.eno.org
✉ Coliseum, St Martin's La WC1 £ biglietti £3-65

🕙 variabili ⊖ Leicester Sq/Charing Cross

Royal Albert Hall (2, C4)

Questa splendida sala vittoriana ospita spettacoli di musica classica, rock e di altro genere, ma è nota soprattutto come sede dei Proms, che hanno luogo da metà luglio a metà settembre (v. lettura).
☎ 7589 8212 🖳 www.royalalberthall.com
✉ Kensington Gore SW7 £ biglietti £5-150,

biglietti dei Proms £4-75 🕙 variabili ⊖ South Kensington

Royal Opera House (6, E2)

Un tempo era molto compassata, ma di recente ha cercato di conquistare un pubblico più giovane grazie a un finanziamento di 210 milioni di sterline per aprire al pubblico la Floral Hall a visite guidate diurne, e a concerti gratuiti il lunedì alle 13. Attualmente, in alcuni periodi dell'anno, offre 100 posti a sole £10 il lunedì.
☎ 7304 4000 🖳 www.royalopera.org ✉ Royal Opera House, Bow St WC2 £ £6-150, matinée feriali £6,50-50 🕙 variabili ⊖ Covent Garden

South Bank Centre (3, E4)

La Royal Festival Hall (3, E5), costruita nel dopoguerra, è sede di due orchestre filarmoniche e ha un'acustica superba. Le più piccole Queen

---

I Proms

Assistere a uno dei concerti 'BBC Henry Wood Promenade', detti 'Proms', è un'esperienza davvero unica, anche perché questo gigantesco festival di musica classica termina invariabilmente con una delle classiche marce filo-britanniche composte da Sir Elgar. I circa 1000 posti in piedi (£4) vengono messi in vendita un'ora prima dello spettacolo: scegliete la galleria o la platea, e poi mettetevi in coda (inevitabilmente lunga).

Elizabeth Hall e Purcell Room ospitano gruppi di musica da camera e solisti.

☎ 7960 4242 ▫ www.rfh.org.uk ✉ Belvedere Rd SE1 £ biglietti £6-60 ◔ variabili ⊖ Waterloo

Wigmore Hall (3, B3)
Atmosfera tradizionale, acustica eccellente e splendide rifiniture Art Nouveau rendono forse questa sala la migliore di Londra per la musica classica. I recital alle 11.30 della domenica (£10) sono particolarmente belli, e di lunedì ci sono concerti alle 13 (£8/6).

Una ventata di cultura
Londra non potrà vantare il clima migliore del mondo, ma ciò non significa che si debba stare sempre al chiuso. Quando splende il sole, potete assistere a una commedia di Shakespeare o a un musical all'**Open Air Theatre** (3, A1 ☎ 7486 2431; www.open-air-theatre.org.uk; Regent's Park). Per nove settimane in estate viene allestita una grande tenda per ospitare l'**Opera Holland Park** (2, B4 ☎ 0845 230 9769; www.operahollandpark.com; Holland Park, vicino a Kensington High St W8), mentre un'altra attrazione estiva è costituita dai concerti di musica classica nei giardini di **Kenwood House** (p30).

☎ 7935 2141 ▫ www.wigmore-hall.org.uk ✉ 36 Wigmore St

W1 £ £6-35 ◔ variabili ⊖ Bond St

COMMEDIA

La commedia gode di un successo maggiore a Londra che in qualunque altra città da noi visitata. Oltre a vari club, molti altri luoghi di ritrovo – soprattutto pub – organizzano serate speciali con spettacoli umoristici.

Il Comedy Café per una serata divertente!

Comedy Café (3, J1)
Non a tutti piace l'idea di cenare guardando uno spettacolo, ma in questo locale si esibiscono alcuni bravi artisti e la serata del debuttante (mercoledì) è particolarmente divertente.

☎ 7739 5706 ▫ www.comedycafe.co.uk

✉ 66-68 Rivington St EC2 £ libero mer, sab fino a £14 ◔ mer-sab ⊖ Old St

Comedy Store (6, C3)
La sede spirituale della commedia alternativa inglese (sul genere Ben Elton) è nata ai tempi di Margaret Thatcher.

☎ 7344 4444 ▫ www.thecomedystore.co.uk ✉ 1a Oxendon St SW1 £ £13/8 ◔ mar-dom ⊖ Piccadilly Circus

Jongleurs (4, B2)
Questa catena di locali piace così tanto al pubblico che è necessario prenotare: di solito si esibiscono un grande artista comico e un paio di giocolieri o acrobati. Ci sono altre succursali a Battersea e Bow (v. il sito web per maggiori informazioni).

☎ 0870 787 0707 ▫ www.jongleurs.com ✉ 11 East Yard NW1 £ £15 ◔ ven e sab ⊖ Camden Town

CINEMA

Le multisale hanno invaso Londra, ma rimangono ancora alcuni grandi cinema indipendenti. I biglietti interi costano da £8,50 a £12 per una prima visione, mentre di solito le proiezioni pomeridiane dei feriali e tutti gli spettacoli del lunedì costano meno (da £4 a £5,50).

Curzon Soho (6, D2)
Il miglior cinema del centro di Londra propone un'eccellente programmazione art-house/indie e ha due bar dall'atmosfera accogliente.
☎ 7439 4805 (informazioni), 7734 2255 (prenotazioni) 🖳 www.curzoncinemas.com
✉ 93-107 Shaftesbury Ave W1 ⊖ Leicester Sq/Piccadilly Circus

Electric Cinema (2, B4)
Questo cinema edoardiano ha un lussuoso allestimento di poltrone in pelle (£12,50, o £30 per il sofà a due posti), poggiapiedi e tavolini per uno spuntino.
☎ 7908 9696, 7229 8688 🖳 www.the-electric.co.uk ✉ 191

Portobello Rd W1
⊖ Ladbroke Grove/ Notting Hill Gate

National Film Theatre (3, E4)
L'archivio cinematografico inglese richiama numerosi cinefili, sia per le prime visioni sia per le retrospettive di vecchie pellicole.
☎ 7928 3232
🖳 www.bfi.org.uk/nft
✉ South Bank SE1
⊖ Waterloo/ Embankment

Prince Charles Cinema (6, D3)
Amato dai cinefili e aperto fino alle ore piccole, propone classici da £2,50 a £3,50 oppure l'intramontabile

Tutti insieme appassionatamente (19.30 venerdì, ingresso £13,50).
☎ 0901 272 7007 (informazioni, 25p al minuto), 7494 3654 (prenotazioni) ✉ Leicester Place WC2 ⊖ Leicester Sq

LOCALI GAY

Gli omosessuali londinesi lamentano che i locali gay siano troppo commerciali o superficiali, mentre l'intolleranza manifestata dagli altri abitanti rappresenta raramente un problema.

The Astoria (6, C1)
Le serate G-A-Y dominano la scena in questa discoteca buia e affollata. Sabato è la serata clou, ma il Pink Pounder del lunedì costa poco, il giovedì c'è Music Factory e il Camp Attack del venerdì è orientato alla musica disco. C'è pure un G-A-Y Bar (6, C2; 30 Old Compton St ⊙ tutti i giorni).
☎ 7434 9592, 7434 6963
🖳 www.g-a-y.co.uk

✉ 157 Charing Cross Rd WC2
⊙ 22.30-4 lun e gio, 23-4 ven, 22.30-5 sab
⊖ Tottenham Court Rd

Crash (2, F5)
Mecca della musica gay, questo locale ha due piani e quattro bar.
☎ 7820 1500
✉ 66 Goding St SE11
⊙ 22.30-6 sab
⊖ Vauxhall

DTPM@Fabric (3, F2)

Il nome di questo splendido luogo di ritrovo (v. p84), ovvero Drugs Taken Per Minute, diventa comprensibile vedendo la clientela edonistica del locale, incline al consumo di droghe.
☎ 7336 8898, 7490 0444 ✉ 77a Charterhouse St EC1 £ £11-15 ⏱ 21.30-5 dom ⊖ Farringdon

Fiction@The Cross (2, E2)

Si formano sempre code lunghissime per poter partecipare alle serate house di uno dei migliori luoghi di ritrovo di Londra (v. p84). Arrivate presto.
☎ 7837 0828 ✉ Goods Way Depot, York Way N1 £ £9-11 ⏱ 22.30-5 ven ⊖ King's Cross St Pancras

The Ghetto (6, C1)

Il locale gay più in voga di Londra ospita serate miste (Nag, Nag, Nag) frequentate da celebrità il merco-

Le enormi vetrate sono la caratteristica del Rupert St

Notizie per viaggiatori omosessuali

Nei caffè, bar e discoteche citati, troverete la rivista *Pink Paper* (gratuita), di taglio politico, e inoltre, per gli annunci, *Gay Times* (£3,10), *Boyz* (gratuita) e *Diva* (£2,65), per lesbiche. Le sezioni gay di *Time Out* e *Metro Life* di *Evening Standard* sono altrettanto utili, come i siti web www.rainbownetwork.com per uomini e www.gingerbeer.co.uk per donne.

La scena di Soho

Soho, soprattutto nei pressi di Old Compton St, resta il cuore della scena gay di Londra.

- **Balans** (6, C2 ☎ 7437 5212; 60 Old Compton St W1 ⊖ Piccadilly Circus/Leicester Sq) Caffè in stile continentale, aperto fino alle ore piccole.
- **Candy Bar** (6, C2 ☎ 7494 4041; 23-24 Bateman St W1 ⊖ Tottenham Court Rd) Bar frequentato da lesbiche.
- **First Out** (6, D1 ☎ 7240 8042; 52 St Giles High St WC2 ⊖ Tottenham Court Rd) Tranquillo caffè per vegetariani.
- **Freedom** (6, C2 ☎ 7734 0071; 60-66 Wardour St W1 ⊖ Piccadilly Circus) Moderno caffè-bar con clientela sempre più spesso mista.
- **Rupert St** (6, C2 ☎ 7292 7141; 50 Rupert St W1 ⊖ Piccadilly Circus) Ampie vetrate davanti alle quali vedere ed essere visti.

ledì, ma anche, tra altre iniziative, l'elettropop The Cock il venerdì. È frequentato da Muscle Marys, transessuali, punk e bisessuali.
☎ 7287 3726 ✉ 5-6 Falconberg Ct W1 £ £3-6

⏱ 22-3 lun-gio, dalle 22.30 mer, 22.30-4.30 ven e sab ⊖ Tottenham Court Rd

Heaven (6, E4)

In una delle più famose discoteche gay del mondo, potrete scegliere tra le bevande a poco prezzo, le informali serate Popcorn al lunedì, e la musica commerciale house del sabato, la serata clou.
☎ 7930 2020 ✉ Under the Arches, Villiers St WC2 £ £2-12 ⏱ 22.30-3 lun e mer, 22-3 ven, 22-5 sab ⊖ Embankment/ Charing Cross

Popstarz@The Scala (3, E1)

Questo locale gay alternativo, sulla scena da vari anni, si trova in un vecchio cinema e ha tre piste con musica indie, pop anni '80 e '90 e R & B.
☎ 7833 2022 ✉ 275 Pentonville Rd N1 £ £4-8 ⏱ 22-5 ven ⊖ King's Cross St Pancras

MANIFESTAZIONI SPORTIVE

Atletica

In estate gli incontri di atletica che richiamano grandi star inglesi e internazionali si svolgono al **Crystal Palace National Sports Centre** (1, C2 ☎ 8778 0131; www.crystalpalace.co.uk; Ledrington Rd SE19 🚉 Crystal Palace).

Calcio

Londra ha decine di squadre di calcio, metà delle quali giocano nella Premier League del Regno Unito, perciò ogni mercoledì o fine settimana da agosto a maggio potrete assistere a belle partite (a patto di trovare i biglietti). Le due squadre più famose sono l'Arsenal, che gode di un grandissimo successo (e dovrebbe avere un nuovo stadio nel 2006), e il Chelsea, attualmente finanziato del magnate russo Roman Abramovich.

Il Wembley Stadium a nordovest di Londra, dove per tradizione la nazionale inglese disputava a metà maggio le partite internazionali e la finale del campionato, dovrebbe riaprire nel 2006. Negli ultimi anni la finale ha avuto luogo a Cardiff.

Il Lord's Cricket Ground

Corse di cavalli

A breve distanza da Londra si trovano splendidi ippodromi, come **Ascot** (☎ 01344-622211; www.ascot.co.uk) nel Berkshire e **Epsom** (☎ 01372-470047; www.epsomderby.co.uk) nel Surrey. La stagione delle corse piane va da aprile a settembre.

Volete trascorrere un'entusiasmante ed economica (da £1,50 a £5 per 12 corse) serata alle corse? Prendete in considerazione i cani: i levrieri corrono al **Walthamstow Stadium** (☎ 8531 4255; www. wsgreyhound.co.uk; Chingford Rd E4 🚉 Highams Park).

L'ingresso dell'Arsenal

Biglietterie sportive

Per informazioni sugli eventi e le prenotazioni con carta di credito, telefonate a:
- **Arsenal** (☎ 7704 4000/7413 3366; www.arsenal.com)
- **Charlton Athletic** (☎ 8333 4000/8333 4010; www.charlton-athletic.co.uk)
- **Chelsea** (☎ 7385 5545/7386 7799; www.chelseafc.co.uk)
- **Fulham** (☎ 7893 8383/7384 4710; www.fulhamfc.co.uk)
- **Tottenham Hotspur** (☎ 8365 5000/0870 420 5000; www.spurs.co.uk)
- **West Ham** (☎ 8548 2748/8548 2700; www.westhamunited.co.uk)

Cricket

Nonostante l'attuale squadra inglese abbia scarse fortune, il cricket resta uno sport molto popolare. Gli incontri si svolgono al **Lord's Cricket Ground** (2, C2 ☎ 7432 1066; www.lords.org; St John's Wood Rd NW8 ✪ St John's Wood) e all'**Oval Cricket Ground** (2, F6 ☎ 7582 7764; www.surreyccc.co.uk; Kennington Oval SE11 ✪ Oval). I biglietti del Lord's costano da £25 a £50 e spariscono in fretta, ma altri sono in vendita tre settimane prima degli incontri. L'ufficio prenotazioni dell'Oval apre soltanto durante la stagione da aprile a settembre; i biglietti costano da £45 a £10 (5° giorno), mentre per gli incontri del calendario di contea si spendono da £5 a £10.

Rugby Union e Rugby League

La zona sud-occidentale di Londra è il cuore pulsante del rugby a 15 (rugby union), dove da agosto a maggio gareggiano squadre come Wasps, Harlequins e London Welsh. Da gennaio a marzo ha luogo il Trofeo Sei Nazioni tra Inghilterra, Scozia, Galles, Irlanda, Francia e Italia. Il santuario inglese del rugby è il **Twickenham Rugby Stadium** (1, B2 ☎ 8892 2000; www.rfu.com; Rugby Rd, Twickenham ✪ Hounslow East, poi autobus 281 o treno per Twickenham).

L'unica squadra locale di rugby a 13 (rugby league) sono i **London Broncos** (5, C1 ☎ 8853 8001; www.londonbroncos.co.uk; the Valley, Floyd Rd SE7 ▣ Charlton).

Tennis

Dal 1877 gli All England Lawn Tennis Championships si svolgono tra la fine di giugno e i primi di luglio a **Wimbledon** (1, C1 ☎ 8944 1066, 8946 2244; www.wimbledon.org; Church Rd SW19 ✪ Southfields/Wimbledon Park). La maggior parte dei biglietti per il campo centrale e per il n. 1 è estratta a sorte: si può fare richiesta tra il 1° settembre e il 31 dicembre dell'anno precedente, inviando una busta affrancata a: All England Lawn Tennis Club, PO Box 98, Church Rd, Wimbledon SW19 5AE. Altrimenti cercate di prenotare quanto prima possibile: alcuni biglietti (circa £50) sono venduti il giorno stesso dell'incontro, ma le code sono sempre lunghissime. I biglietti per i campi esterni costano meno di £10, e ulteriormente ridotti dopo le 17. Per assistere al torneo del **Queen's Club** (☎ 7385 3421; www.queensclub.co.uk; Palliser Rd W14 £ al giorno £12 ✪ Baron's Court) è invece più facile trovare i biglietti.

Qui corrono i levrieri

Pernottamento

Ritz, Dorchester, Savoy: Londra vanta alcuni degli alberghi più famosi del mondo, ma i costi sono talmente elevati che il pernottamento costituisce sempre una delle questioni più spinose di un viaggio nella capitale inglese. Alcuni siti web, come www.visitlondonoffers.com di Visit London, propongono buone offerte last-minute, ma la cosa più veloce è rassegnarsi a spendere.

Vi consigliamo di scegliere l'albergo nella zona dove pensate di trascorrere la maggior parte del tempo, perché le distanze e il traffico rendono difficile attraversare la città: quindi, se avete intenzione di esplorare i moderni quartieri di Hoxton e Clerkenwell, per esempio, conviene pernottare a Notting Hill.

Data la sua vicinanza al British Museum e a Oxford St, a Bloomsbury sono sorte moltissime strutture

Tariffe	
Le categorie qui indicate si basano sui prezzi di listino validi per notte in camera doppia standard in alta stagione.	
Deluxe	più di £300
Prezzi elevati	£150 - £300
Prezzi medi	£85 - £150
Prezzi economici	meno di £85

alberghiere; anche South Kensington è meta del flusso turistico, ma in realtà sono pochi i quartieri nel centro di Londra a lamentare scarsità di alberghi.

La categoria media offre generalmente un cattivo rapporto qualità-prezzo, anche se negli ultimi anni vari alberghi di design come il St Martin's Lane, il Sanderson e il Great Eastern hanno dato un forte scossone al mercato degli alberghi di lusso, mentre le catene economiche Travel Inn e Express di Holiday Inn contribuiscono a contenere i prezzi. Inoltre, pernottando nel quartiere finanziario della City durante il fine settimana riuscirete ad avere una sistemazione di alta qualità a prezzi vantaggiosi.

Nonostante la crisi del settore turistico, a Londra la domanda supera ancora l'offerta, specialmente nei mesi estivi (quando le tariffe aumentano fino al 25%) e soprattutto per la bassa categoria, perciò consigliamo di prenotare almeno una o due notti prima dell'arrivo. Le camere singole sono particolarmente rare.

Servizi di prenotazione

È possibile effettuare prenotazioni gratuite il giorno stesso del pernottamento presso la maggior parte dei centri informazioni turistiche (v. p122). **Visit London** (☎ 08456 443 010; www.visitlondonoffers.com) ha buone offerte, ma meritano una visita anche:

- **British Hotel Reservation Centre** (☎ 7340 1616; www.bhrconline.com; Victoria Station; £3).
- **First Option** (£5 per prenotazione) Ci sono alcuni chioschi al Britain Visitor Centre (p122); alle stazioni ferroviarie di Euston (☎ 7388 7435), King's Cross St Pancras (☎ 7837 5681), Victoria (☎ 7828 4646) e Gatwick Airport (☎ 01293-529372); e alla stazione della metropolitana South Kensington (☎ 7581 9766).
- I servizi di prenotazioni per B&B fanno pagare una commissione per il servizio e comprendono **At Home in London** (☎ 8748 1943; www.athomeinlondon.co. uk), **London Bed & Breakfast Agency** (☎ 7586 2768; www.londonbb.com), **London Home to Home** (☎ 8567 2998; www.londonhometohome.com) e **Uptown Reservations** (☎ 7351 3445; www.uptownres.co.uk). Spesso per i soggiorni inferiori a tre notti si applica un supplemento.

DELUXE

Blakes (2, C5)

Sebbene ogni camera abbia un proprio stile, questo originale albergo ha un'atmosfera coloniale: letti a baldacchino, cassapanche laccate, tessuti drappeggiati e antiquariato, nonché un letto appartenuto alla consorte di Napoleone.
☎ 7370 6701
🖥 www.blakeshotel.com
✉ 33 Roland Gardens SW7, South Kensington
🚇 Gloucester Rd ✗ Blakes

Claridge's (3, B4)

Probabilmente è il più grande albergo a cinque stelle di Londra e ha una piacevole atmosfera antiquata. Nelle sale e nelle 203 camere e suite domina lo stile art déco; alcuni dei mobili anni '30 ornavano un tempo le cabine di lusso della nave *Normandie*.
☎ 7629 8860 🖥 www.claridges.co.uk ✉ 53-55 Brook St W1 🚇 Bond St
✗ Gordon Ramsay, p73

No 5 Maddox St (6, A2)

Atmosfera volutamente casalinga, toni naturali, temi orientaleggianti e sofà in pelle scamosciata ne fanno un bellissimo rifugio in città. Ciascuna suite ha il proprio cucinino e il collegamento gratuito a internet.
☎ 7647 0200 🖥 www.living-rooms.co.uk ✉ 5 Maddox St W1 🚇 Oxford Circus

One Aldwych (6, F3)

Con i suoi colori naturali dai toni smorzati e i lavandini

La monumentale lobby del Threadneedles hotel

di design a vista, l'One Aldwych è stato uno dei primi alberghi di Londra a essere progettato da un designer. Ha due ristoranti e un favoloso centro fitness.
☎ 7300 1000 🖥 www.onealdwych.co.uk ✉ 1 Aldwych WC2 🚇 Holborn
✗ Axis, Indigo

The Ritz (3, C4)

Questo albergo è diventato sinonimo di lusso, e la sala da té Palm Court non

è certo da meno. Le camere in stile rococó hanno copriletti in seta, drappi in broccato, fronzoli dorati e bagni in marmo.
☎ 7493 8181 🖥 www.theritzlondon.com ✉ 150 Piccadilly W1
🚇 Green Park ✗ ristorante Ritz, Palm Court (té pomeridiano)

St Martin's Lane (6, D3)

Di giorno la facciata in vetro di questa splendida creazione di Ian Schrager e

Superlusso

Ecco alcuni alberghi famosi tra le numerose sistemazioni di lusso di Londra:

- **Dorchester** (3, A4 ☎ 7629 8888; www.dorchesterhotel.com; Park La W1 🚇 Hyde Park Corner) Camere in stile country georgiano, panorama su Hyde Park e la lobby più opulenta della città.

- **Lanesborough** (3, A5 ☎ 7259 5599; www.lanesborough.com; Hyde Park Corner SW1 🚇 Hyde Park Corner) Frequentato da uomini d'affari, questo albergo spicca per l'abbinamento di mobilio reggenza con la tecnologia più all'avanguardia (come i computer in camera).

- **Metropolitan** (3, B5 ☎ 7447 1000; www.metropolitan.co.uk; Old Park La SW1 🚇 Green Park/Hyde Park Corner) Personificazione del minimalismo contemporaneo, questo albergo è famoso per l'esclusivo Met Bar e il ristorante Nobu (v. p73).

Philippe Starck sembra semplice e discreta, ma quando di sera gli ospiti accendono la luce sul comodino per illuminare con bagliori colorati le loro stanze bianche, tutto l'edificio si trasforma in una scacchiera multicolore. Frequentato da modelle e modaioli.

☎ 7300 5500 💻 www.ianschragerhotels.com ✉ 45 St Martin's La WC2 ⊖ Leicester Sq/Charing Cross ✗ Asia de Cuba

The Savoy (6, F3)
Tra l'imponente facciata sullo Strand – unica via di Londra dove i veicoli procedono a destra – e la facciata art déco sul Tamigi, ci sono camere lussuose con una tale vista che alcuni ospiti vi risiedono stabilmente.

☎ 7836 4343 💻 www.savoy-group.co.uk ✉ Strand WC2 ⊖ Charing Cross ✗ The Savoy Grill, Thames Foyer (té pomeridiano)

Threadneedles (3, H3)
Oltre la bellissima lobby circolare – con le sue vetrate dipinte risalenti al XIX secolo – si trovano camere eleganti, con uno stile contemporaneo. Trovandosi nella City, questo albergo offre buone tariffe nel fine settimana.

☎ 7657 8080 💻 www.theetoncollection.com ✉ 5 Threadneedle St EC2 ⊖ Bank ✗ Bonds

PREZZI ELEVATI

Charlotte Street (3, C3)
Laura Ashley diventa postmoderna e profuma di rose in questo albergo frequentato da appartenenti al mondo dei media.

☎ 7806 2000 💻 www.charlottestreethotel.com ✉ 15-17 Charlotte St W1 ⊖ Goodge St ✗ Oscar

Gore (2, C5)
Le 54 camere di questa magione vittoriana hanno arredi in lucido mogano, tappeti turchi, bagni all'antica, e 5000 ritratti e stampe alle pareti.

☎ 7584 6601 💻 www.gorehotel.co.uk ✉ 189 Queen's Gate SW7 ⊖ High St Kensington/Gloucester Rd ✗ Bistrot 190

Great Eastern Hotel (3, J3)
Questo albergo con 267 camere abbina con gusto elementi classici e alla moda. Le camere ai piani inferiori hanno legni scuri e rossi e tonalità naturali, mentre quelle al piano superiore si ispirano a temi marini. Le lampade di Arne

Jacobsen e le sedie di Eames fanno del Great Eastern una sistemazione di stile.

☎ 7618 5000 💻 www.great-eastern-hotel.co.uk ✉ Liverpool St EC2 ⊖ Liverpool St ✗ ristoranti Aurora, Miyabi e Fishmarket, brasserie Terminus

Hazlitt's (6, C2)
Rifugio georgiano nel cuore di Soho, ha 23 camere arredate con mobili e stampe antichi.

☎ 7434 1771 💻 www.hazlittshotel.com ✉ 6 Frith St, Soho Sq W1 ⊖ Tottenham Court Rd ✗ Central London (p67)

Malmaison (3, G2)
L'omonima catena scozzese ha aperto questo hotel a

Al Great Eastern Hotel

Clerkenwell, dotato di una prerogativa ormai rara a Londra: un buon rapporto qualità-prezzo. Le tariffe del fine settimana (a partire da £99) sono di categoria media.

☎ 7012 3700 💻 www.malmaison.com ✉ Charterhouse Sq EC1

Guide al pernottamento
Where to Stay & What to Do in London (£4,99) di Visit London elenca alberghi, pensioni, appartamenti e B&B riconosciuti. L'ente pubblica inoltre, gratuitamente, *Where to Stay on a Budget*. Tra i siti web utili www.frontdesk.co.uk, www.hotelsoflondon.co.uk, www.London.nethotels.com e www.londonlodging.co.uk.

⊖ Farringdon/Barbican
⊠ The Brasserie

myhotel bloomsbury (3, C3)
Chi l'avrebbe detto che minimalismo e orientalismo si abbinassero così bene? Invece gli accessori asiatici si accordano con legno scuro e tessuti chiari, mentre gli arredi delle camere sono disposti secondo i principi del Feng Shui.
☎ 7667 6000 ⌨ www.myhotels.co.uk ⊠ 11-13 Bayley St WC1 ⊖ Goodge St ⊠ Yo Sushi!

Number Sixteen (2, C5)
Questa casa con giardino è una delle migliori realizzate da Kit e Tim Kemp per la catena Firmdale (consultate il sito per informazioni), con il suo tipico e caldo stile inglese. Il bar per gli ospiti e l'atmosfera rilassata completano l'insieme.
☎ 7589 5232
⌨ www.firmdale.com
⊠ 16 Sumner Pl SW7

⊖ South Kensington
⊠ Kensington, Knightsbridge e Mayfair (pp72-3)

Portobello (2, B4)
Dopo un leggendario soggiorno di Kate Moss e Johnny Depp, continua ad attrarre star del rock e del cinema e modelle.
☎ 7727 2777 ⌨ www.portobello-hotel.co.uk ⊠ 22 Stanley Gardens W11 ⊖ Notting Hill Gate ⊠ West London (pp76-7)

Rookery (3, F2)
I pavimenti in pendenza di questa schiera di case georgiane del XVIII secolo, un tempo assai malandate, non fanno altro che esaltarne il fascino, e tra i mobili d'epoca meritano un cenno alcune vasche da bagno vittoriane con i piedini.
☎ 7336 0931 ⌨ www.rookeryhotel.com ⊠ Peter's La, Cowcross St EC1 ⊖ Farringdon

⊠ Bloomsbury e Clerkenwell (pp65-6)

Sanderson (3, C3)
I moderni arredi di questo albergo progettato da Phillipe Starck comprendono persino un divano stile Dalì ispirato alle labbra di Mae West. Le camere bianche sono separate dai bagni soltanto da una tenda o una vetrata.
☎ 7300 1400 ⌨ www.ianschragerhotels.com ⊠ 50 Berners St W1 ⊖ Oxford Circus ⊠ Spoon+

La facciata del Sanderson

PREZZI MEDI

Crescent (3, D1)
Affacciato su una piazza privata a nord di Bloomsbury, questo accogliente albergo ha camere pulitissime: minuscole singole con bagni in comune, oppure spaziose doppie con servizi privati.
☎ 7387 1515 ⌨ www.crescenthoteloflondon.com ⊠ 49-50 Cartwright Gardens WC1 ⊖ Russell Sq/Euston

Durrants (3, A2)
Dal 1921 è gestito dalla stessa famiglia, e il personale in uniforme e l'arredamento emanano un fascino da vecchia Inghilterra. Appena entrato a far parte della categoria media, è comodo per lo shopping in Oxford St.
☎ 7935 8131 ⌨ www.durrantshotel.co.uk ⊠ George St W1 ⊖ Bond St/Baker St

Express by Holiday Inn (3, H1)
Lenzuola blu e gialle, legno chiaro e vetrocemento donano a questo albergo, con un ottimo rapporto qualità-prezzo,

più atmosfera di quanto ci si aspetterebbe. Tra gli altri alberghi della catena ricordiamo quello di Southwark dietro la Tate Modern (3, G5 ☎ 7401 2525; 103-109 Southwark St SE1 ⊖ Southwark).
☎ 7300 4300 ⌨ www.hiexpress.co.uk ⊠ 275 Old St EC1 ⊖ Old St ⊠ ♿

Fielding (6, E2)
Le camere sono piccole e l'arredamento discreto, ma questo piccolo albergo si trova a un solo isolato dalla

Royal Opera House, nel cuore del West End.
☎ 7836 8305
🖥 www.the-field-ing-hotel.co.uk ✉ 4 Broad Court, off Bow St WC2 ⊖ Covent Garden ✕ Central London (p67)

Guesthouse West (2, B3)
Copriletti grigi e cuscini bianchi, orchidee e bagni in tinte soft, questo nuovo albergo fornisce una versione affascinante del concetto di B&B. I manifesti dei film anni '50 del bar sono un altro tocco particolare.
☎ 7792 9800 🖥 www.guesthousewest.com ✉ 163-165 Westbourne Grove W11 ⊖ Westbourne Park/Royal Oak ✕ West London (pp76-7)

Morgan Hotel (3, D3)
La sua comoda posizione vicino al British Museum e i doppi vetri alle finestre rendono questo albergo uno dei migliori di Londra nella sua categoria. Calore e ospitalità compensano ampiamente le modeste dimensioni delle camere.
☎ 7636 3735; fax 7636 3735 ✉ 24 & 40 Bloomsbury St WC1 ⊖ Tottenham Court Rd ✕ Central London (p67)

Pavilion (2, C3)
Tutte le città hanno bisogno di un albergo a prezzi ragionevoli come questo. La Moorish Casablanca Nights è la più popolare delle sue 30 opulente camere a tema, che comprendono Enter the Dragon (cineserie) e Highland Fling (scozzese).
☎ 7262 0905 🖥 www.pavilionhoteluk.com ✉ 34-36 Sussex Gardens W2 ⊖ Edgware Rd/Paddington

St Margaret's (3, D2)
Albergo a gestione familiare con 60 camere sistemate in classiche case a schiera georgiane. Dispone di rilassanti lounge comuni e di un bel giardino sul retro.
☎ 7636 4277 🖥 www.stmargaretshotel.co.uk ✉ 26 Bedford Place WC1 ⊖ Russell Sq

Swiss House (2, C5)
Mobili in legno, pareti bianche e biancheria blu per le 17 camere che offrono freschezza alpina senza pretese in questo albergo di atmosfera vagamente svizzera, vicino a South Kensington.
☎ 7373 2769 🖥 www.swiss-hh.demon.co.uk ✉ 171 Old Brompton Rd SW5 ⊖ Gloucester Rd

L'elegante Pavilion

Vicarage (2, B4)
Specchi dorati, candelabri e carta da parati rossa e oro accolgono gli ospiti di questa ex casa privata vittoriana. Le camere sono un po' meno lussuose, ma altrettanto piene d'atmosfera: quelle ai piani superiori hanno bagni in comune e prezzi modici. Se è al completo, provate il modesto ma piacevole Abbey House (☎ 7727 2594; www.abbeyhousekensington.com) alla porta accanto.
☎ 7729 4030 🖥 www.londonvicaragehotel.com ✉ 10 Vicarage Gate W8 ⊖ High St Kensington/Notting Hill Gate ✕ West London (pp76-7) ⚲

Windermere (2, E5)
Classificato nel 2003 da Visit London come miglior B&B della capitale, questo delizioso e labirintico alberghetto è molto caratteristico. Otto delle sue 22 piccole camere, ciascuna con un proprio stile, sono per non fumatori.
☎ 7834 5163 🖥 www.windermere-hotel.co.uk ✉ 142-144 Warwick Way SW1 ⊖ Victoria ✕ Pimlico Room ⚲

Appartamenti in residence
Se preferite affittare un appartamento anziché pernottare in albergo, contattate una delle seguenti agenzie: **Aston's Budget & Designer Studios** (☎ 7590 6000; www.astonsapartments.com) e **London Holiday Accommodation** (☎ 7485 0117; www.londonholiday.co.uk). I costi variano da £35 a £90 per notte per una doppia a £600 per settimana, e da £800 a £1100 per settimana per un appartamento con quattro posti letto.

PREZZI ECONOMICI

Hampstead Village Guesthouse (2, C1)

In questo B&B sarete ospiti di una famiglia anglo-olandese e del suo cane. Oltre ad arredi rustici, alcune camere hanno la vasca con i piedini o il terrazzo sul tetto; ci sono inoltre un appartamento per famiglie e un delizioso giardino sul retro.

☎ 7439 8679 🖳 www.hampsteadguesthouse.com ✉ 2 Kemplay Rd NW3 ⊖ Hampstead ⊠ Camden e Hampstead (p66) ⚹

Hyde Park Rooms (2, C3)

Questo B&B pulitissimo ha un'atmosfera hippy e casalinga, tappeti persiani nel soggiorno piastrellato, lampade vagamente asiatiche e alle pareti opere d'arte del simpatico proprietario.

☎ 7723 0965 🖳 www.hydeparkroomshotel.com ✉ 137 Sussex Gardens W2 ⊖ Paddington

Garden Court (2, B4)

Sono i particolari che rendono degno di nota questo albergo a gestione familiare, come la statua di Beefeater nel salotto. Le sue 34 camere, ammesso per il rotto della cuffia in questa categoria, hanno telefono e TV.

☎ 7229 2553 🖳 www.gardencourthotel.co.uk ✉ 30-31 Kensington Gardens Sq W2 ⊖ Bayswater ⊠ West London (pp76-7) ⚹

Luna & Simone Hotel (2, E5)

Arredamento da catena alberghiera di media categoria, opere d'arte contemporanee e moderni bagni piastrellati: le sue 35 camere vi rendono una comoda sistemazione .

☎ 7834 5897 🖳 www.lunasimonehotel.com ✉ 47 Belgrave Rd SW1 ⊖ Victoria ⚹

Portobello Gold (2, B4)

Ristorante-bar con qualche camera, il Portobello Gold è sicuramente speciale: tre camere confortevoli diventano uffici di giorno; una delle altre è una spartana doppia a due letti.

☎ 7460 4913 🖳 www.portobellogold.com

Una porta del Generator

✉ 95-97 Portobello Rd W11 ⊖ Notting Hill Gate ⊠ ristorante Portobello Gold

Stylotel (2, C3)

Questo grazioso albergo di Sussex Gardens offre camere pulite e moderne a prezzi modici, con mobili blu e acciaio e bagni-capsula.

☎ 7723 1026 🖳 www.stylotel.com ✉ 160-162 Sussex Gardens W2 ⊖ Paddington

Travel Inn County Hall (3, E5)

Pareti porpora, pavimenti in vinile, distributori automatici e menu plastificati ne fanno una specie di McDonalds degli alberghi. Ma con £85 per una camera familiare in splendida posizione, chi ha da ridire? Sul sito web le informazioni sugli altri alberghi della catena, che comprendono anche lo Euston Travel Inn Capital (3, D1 ☎ 7554 34001; Dukes Rd WC1 ⊖ Euston).

☎ 7902 1600 🖳 www.travelinn.co.uk ✉ Belvedere Rd SE1 ⊖ Westminster ⊠ Potter's Bar & Restaurant ⚹

Ostelli

Visto l'alto costo della vita a Londra, chi viaggia in economia può scegliere di pernottare presso gli ostelli. Due dei migliori sono **Ashlee House** (3, E1 ☎ 7833 9400; www.ashleehouse.co.uk; 261-265 Gray's Inn Rd WC1 ⊖ King's Cross St Pancras) e **Generator** (3, D2 ☎ 7388 7655; www.the-generator.co.uk; Compton Place, 37 Tavistock Place WC1 ⊖ Russell Sq). Non ci sono limiti di età, e sono disponibili camere singole/doppie (a partire da £36/48) e camerate (da £12,50 a £19).

JONATHAN SMITH

Notizie su Londra

STORIA
Celti e romani

Anche se furono alcune tribù di celti le prime a occupare stabilmente la valle del Tamigi, tuttavia soltanto quando i romani vi giunsero per la prima volta, nel I secolo a.C., Londra divenne un agglomerato di una certa importanza. Nel 43 d.C. poi i romani si stabilirono definitivamente e, con la costruzione del porto di Londinium e di un ponte di legno sul fiume, fecero della città un prospero centro commerciale. Per conoscere la storia del suo sviluppo nei secoli, visitate il Museum of London (v. p31).

Sassoni e danesi

Con la caduta dell'impero romano, Londinium fu abbandonata nel 410 d.C. e i sassoni migrarono nelle zone immediatamente a ovest. La sempre più florida città sassone, tuttavia, attirò le attenzioni dei danesi (o vichinghi) che dopo 10 anni di attacchi la ridussero in cenere nell'852. E il danese Canuto fu re d'Inghilterra dal 1016 al 1040. Dopo la sua morte, il trono passò al sassone Edoardo il Confessore che trasferì la sua corte a Westminster.

Normanni

Il vuoto di potere seguito alla morte di Edoardo il Confessore fu colmato dall'invasione dei normanni dalla Francia del nord, e dopo la vittoria nella battaglia di Hastings del 1066, Guglielmo il Conquistatore ottenne il controllo della città più grande, ricca e potente del regno sassone. Diffidando della 'plebaglia numerosa e fiera' di Londra, il nuovo re eresse la White Tower, cuore della Tower of London, ma confermò anche l'autonomia della città.

La Londra dei Tudor

Dopo un Medioevo ricco e prospero, furono i Tudor a portare un certo subbuglio nella città di Londra. Volendo divorziare dalla prima delle sue otto mogli, infatti, Enrico VIII entrò in contrasto con la chiesa cattolica e nel 1534 istituì la Chiesa d'Inghilterra. Quando poi salì al trono la figlia di Enrico, Elisabetta I (il cui regno si protrasse dal 1558 al 1603), la causa dei cattolici era ormai praticamente persa. Inoltre, la regina morì senza lasciare eredi e la questione della successione, insieme alla debolezza dei parenti cattolici di Elisabetta, Giacomo I e Carlo I, indebolì il ruolo della monarchia inglese. E i conflitti

La St Paul's Cathedral vanta la cupola più grande della città

fra il re, la City e il Parlamento non poterono che scoppiare in una guerra civile (1642-46), al termine della quale i Roundheads ('teste rotonde') di Oliver Cromwell (una coalizione di puritani, sostenitori del parlamento e mercanti) riuscirono a ottenere il completo controllo del paese nel 1646, che persero però nel 1660 quando il parlamento restaurò la monarchia. Poco dopo il Grande Incendio del 1666 rase al suolo gli edifici medievali e di epoca Tudor e giacobiana, cancellando però anche gli strascichi della peste del 1665, che aveva ucciso 100.000 persone, e dando a Christopher Wren campo libero per la ricostruzione (v. lettura).

> **Le chiese di Wren**
>
> Il più grande architetto londinese è stato il celebre Sir Christopher Wren (1632-1723). Dopo che il Grande Incendio del 1666 ebbe distrutto 88 chiese della città, Wren fu incaricato di ricostruirne 51 e di progettare l'odierna St Paul's Cathedral (v. p19).
>
> Ben 19 delle 54 chiese realizzate da Wren furono in seguito distrutte, ma numerosi suoi aggraziati campanili continuano a ornare il panorama di Londra. Visitate il sito www.london-city-churches. org.uk per maggiori informazioni.

Il periodo georgiano

Nonostante la battuta d'arresto degli anni precedenti, nel 1700 Londra era la più grande città d'Europa con i suoi 600.000 abitanti, nonché la più ricca. Inoltre era sede del parlamento e fulcro di un impero in espansione. Architetti georgiani come John Nash, che progettò Trafalgar Square, e Sir John Soane (v. Sir John Soane's Museum, p31) crearono imponenti edifici simmetrici e piazze residenziali.

L'età vittoriana

Nel XIX secolo, durante i 64 anni di regno della regina Vittoria e la rivoluzione industriale, la crescita demografica determinò la nascita di vasti sobborghi a sud e a est. Il numero di abitanti aumentò, nel corso di un secolo, dal milione scarso del 1800 ai 6,5 milioni del 1900.

I conflitti mondiali

Sebbene i danni subiti nel primo conflitto mondiale furono insignificanti se paragonati alla carneficina del secondo, non fu facile tuttavia per Londra riprendersi da quegli avvenimenti tragici e affrontare la crisi economica che aumentava vertiginosamente il costo della vita. Col giungere poi del secondo conflitto mondiale, gran parte di Londra est fu distrutta dai bombardamenti del 1940-41, e nel 1945 si contarono 32.000 morti e altre 50.000 persone gravemente ferite. Dopo la guerra furono costruiti in tutta fretta brutti condomini ed edifici a basso costo, e i dock del Tamigi, un tempo colonna portante dell'economia londinese, non si ripresero più. Il traffico fluviale si spostò a est verso Tilbury, e i Docklands decaddero fino alla ricostruzione degli anni '80.

Lo stato assistenziale (welfare state) fondato dai laburisti fu in gran parte smantellato durante i 18 anni di governo dei conservatori, a partire dal 1979. Privatizzazione e liberalizzazione furono le parole d'ordine negli anni del governo Thatcher, con il conseguente boom in campo finanziario, ma il degrado politico e la disillusione degli elettori hanno infine, nel 1997, riportato al potere i laburisti con il governo guidato dal primo ministro Tony Blair.

Londra oggi

Inizialmente, il carisma di Blair, abbinato a un'economia forte, ha ottenuto il favore dei londinesi e determinato la seconda schiacciante vittoria eletto-

Londra in cifre
- Popolazione di Central London:
  7,4 milioni
- Popolazione di Greater London:
  12,8 milioni
- PIL pro capite di Central London:
  £19.500
- Percentuale PIL Londra/UK: 16,5%
- Costo medio abitazione:
  £210.100
- Turisti stranieri per anno:
  11,6 milioni
- Spesa media turista/giorno: £77
- Tasso di inflazione: 1,3%
- Tasso di disoccupazione: 6,9%

rale del giugno 2001. Ma le successive decisioni impopolari prese dal premier, come il coinvolgimento del Regno Unito nella guerra irachena del 2003, hanno portato i londinesi a schierarsi sempre più numerosi con il loro sindaco, Ken Livingstone.

AMBIENTE

Recenti ricerche svolte dal King's College dell'Università di Londra hanno rivelato che respirare l'aria di Londra è dannoso quanto fumare 15 sigarette al giorno. Questo studio è stato condotto appena dopo l'introduzione della 'tassa sugli ingorghi' da parte del sindaco Ken Livingstone, ovvero £5 pagate ogni giorno dagli automobilisti che circolano in centro dalle 7 alle 18.30 nei giorni feriali: questa tassa ha ridotto il traffico dal 10% al 15%, ma chi ha problemi respiratori dovrebbe prestare attenzione alle previsioni sulla qualità dell'aria dei bollettini meteorologici, soprattutto in estate.

Sono previsti altri progetti per ripulire l'aria e le vie della capitale, dove ogni anno vengono depositate 177.000 tonnellate di rifiuti. Nonostante le sue acque di colore nerastro, dagli anni '70 il Tamigi viene depurato e ospita moltissime specie di pesci e uccelli.

ISTITUZIONI E POLITICA

Londra è notevolmente migliorata da quando nel XXI secolo ha riacquisito autonomia di gestione. Nel 1986 il primo ministro Margaret Thatcher abolì il Greater London Council (GLC), e per 14 anni la città fu l'unica capitale del mondo senza un ente autonomo di governo né un sindaco. Questa situazione mutò nel momento in cui il governo laburista di Tony Blair istituì la nuova Greater London Authority (GLA), e l'ex leader del GLC Ken Livingstone venne eletto sindaco nel maggio 2000. La GLA ha un'influenza strategica sui trasporti, lo sviluppo economico, la politica ambientale, la polizia, i vigili del fuoco, la protezione civile e la cultura.

La tassa sugli ingorghi (v. Ambiente), vessillo della politica di Livingstone, ha contribuito a decretare il successo della sua amministrazione. Così, dopo averlo espulso dalle sue fila per aver partecipato come indipendente contro il suo candidato ufficiale nel 2000, il partito laburista ha appoggiato Livingstone nelle elezioni del 2004. Il sindaco ha

Il City Hall, soprannominato 'l'uovo'

ottenuto la fiducia dei londinesi grazie anche ai suoi sforzi per risolvere problemi cronici: la metropolitana, la carenza di alloggi e l'ambiente. Le elezioni del sindaco, tenutesi l'11 giugno 2004, hanno confermato la carica di Ken Livingstone.

Il governo del quartiere finanziario della City of London è una questione amministrativa più che elettorale. La City è gestita dalla Corporation of London, guidata dal Lord Mayor.

ECONOMIA

Con un PIL di circa 150 miliardi di sterline, Londra è la città più ricca d'Europa e la forza trainante dell'economia inglese. Secondo stime ufficiali, la capitale versa al paese un contributo fiscale che oscilla tra i 9 e i 15 miliardi di sterline all'anno.

Il settore dei servizi è il principale motore dell'economia londinese: finanze e affari ammontano al 35% circa del volume d'affari, seguiti dalla moda e dai media, ma anche il turismo costituisce una voce importante.

Negli ultimi anni l'economia inglese ha decisamente surclassato i paesi dell'euro. Disoccupazione e inflazione restano relativamente basse e la capitale sta ancora risentendo dei benefici influssi di un boom nel settore immobiliare. Sebbene sia una città florida, Londra non distribuisce equamente le proprie ricchezze: i professionisti maschi guadagnano circa un terzo lordo in più a settimana della media, ma intere zone della città sono tra le più svantaggiate dell'intera Inghilterra.

SOCIETÀ E CULTURA

I londinesi sono spesso riservati proprio come affermano i luoghi comuni, ma va detto che Londra è una città estremamente affollata e tale comportamento è almeno in parte un sistema di difesa.

In genere i londinesi sono tolleranti, e imperturbabili davanti a comportamenti e abbigliamento eccessivi; anzi, hanno sviluppato un vero talento per ignorare chi cerca di attirare l'attenzione. Di norma, tutto ciò significa bassi livelli di sciovinismo, sessismo e razzismo.

Infine, il 29% degli abitanti appartiene a minoranze etniche.

> **La divisione nord-sud**
> Il Tamigi non costituisce più la barriera fisica che fu nel Medioevo, ma il divario psicologico tra nord e sud esiste tuttora. Molti abitanti di Londra nord rifiutano di credere che ci sia alcunché di importante a sud del fiume e fanno battute sulla necessità di ottenere il visto prima della traversata.

Si fa, non si fa

Se iniziate una conversazione alla fermata dell'autobus o sulla piattaforma della metropolitana la gente potrebbe reagire come davanti a un folle; molti londinesi, infatti, non si sognerebbero mai di rivolgere la parola a un estraneo. Tuttavia, se siete un turista palesemente in cerca di indicazioni, non avrete alcun problema.

ABBIGLIAMENTO

Londra è molto informale riguardo all'abbigliamento, ma è bene dimostrare rispetto nei luoghi di culto. Qualche ristorante di lusso e molti locali prevedono un codice di abbigliamento: nei ristoranti, di solito, giacca e cravatta sono la regola per gli uomini (non sono ammessi jeans e scarpe da ginnastica); nei locali, invece, gli standard sono assai variabili.

METROPOLITANA

In metropolitana vige una particolare etichetta. Anzitutto è essenziale tenere la destra sulle scale mobili, in modo che chi ha fretta possa passare a sinistra. Sui marciapiedi, tenetevi lontani dagli accessi in modo che la folla non blocchi i vani delle porte; all'arrivo del treno fatevi da parte fin quando tutti saranno scesi. In alcune stazioni dovrete fare attenzione al gradino tra il treno e la piattaforma.

ARTI

La vivace vita culturale di Londra è una delle sue principali attrattive, dai dipinti della National Gallery ai ritrovi con musica dal vivo.

Danza

La città che diede al mondo un'interpretazione tutta maschile del *Lago dei Cigni* offre ancora il meglio della danza moderna, con artisti del calibro di Matthew Bourne (coreografo del suddetto *Lago dei Cigni*, *The Car Man*, *Nutcracker!* e *Play without Words*), Michael Nunn e William Levitt di Ballet Boyz, e danzatori provenienti dall'Asia meridionale come Akram Khan.

Il nuovo centro Laban ha dato ancor più lustro alla danza, come la recente ristrutturazione del leggendario teatro Sadler's Wells. Chi ama il balletto classico potrà assistere alle esibizioni di Darcey Bussell, Sylvie Guillem o Irek Mukhamedov del Royal Ballet. Per maggiori informazioni, v. p90.

Film

Londra non ha mai avuto un regista che la raccontasse come Woody Allen ha fatto con New York. Ma dai film degli anni '50 come *Passaporto per Pimlico*, *L'incredibile avventura di Mr Holland* e *La signora omicidi*, alle recenti commedie romantiche sul genere di *Quattro matrimoni e un funerale*, *Il diario di Bridget Jones* e *Love, Actually*, la città ha fatto da sfondo a molte pellicole di successo, e vi sono stati girati anche film di gangster (*Lock & Stock - Pazzi scatenati* di Guy Ritchie, per esempio), cupi drammi della classe lavoratrice (*Segreti e bugie* di Mike Leigh) e popolari fantasy (alcune scene dei film di Harry Potter).

Letteratura

Famosi romanzieri come Charles Dickens (*Oliver Twist*) si sono ispirati a Londra, senza per questo intimidire gli scrittori moderni: Doris Lessing (*Racconti londinesi*), Martin Amis (*Territori londinesi*, *Money*), Will Self (*Grey Area*) e Ian McEwan (*Espiazione*), solo per citarne alcuni.

Si spazia dal populismo (*Alta fedeltà* di Nick Hornby) al sofisticato (*La signora Dalloway* di Virginia Woolf), e recentemente è nata una fiorente letteratura ispirata alle minoranze etniche, come *Il budda delle periferie* di Hanif Kureishi, *Denti*

Brick Lane, la via più animata di Banglatown

bianchi di Zadie Smith e *Sette mari tredici fiumi* di Monica Ali.

Uno dei libri migliori su questa città di letterati è *London: The Biography* (2000) di Peter Ackroyd, che tesse un affascinante arazzo della vita e della storia della capitale.

Musica

Nonostante una grande ricchezza di talenti classici, Londra è nota soprattutto per la musica pop. Epicentro degli 'swinging' anni '60, quando Beatles, Rolling Stones e Kinks dominavano la scena, negli anni '70 ha lanciato il punk rock, negli '80 ha prodotto la new wave, e infine nei '90 varie band inglesi, come Oasis, Pulp e Blur, hanno invaso il mercato mondiale. Ultimamente New York sembra essere tornata leader mondiale della musica pop, ma gruppi quali Coldplay e Radiohead tengono ancora alta la bandiera inglese, artisti rap sul genere di Ms Dynamite continuano a interessare il pubblico, e popolari band inglesi dai rocker Darkness al prediletto della stampa musicale, Franz Ferdinand, si esibiscono a Londra regolarmente.

Pittura

I pittori inglesi non hanno mai dominato un'epoca o uno stile, come è invece avvenuto per altri paesi europei, e l'unico grande protagonista di tutti i tempi è probabilmente il paesaggista romantico dell'Ottocento J.M.W. Turner, senza con questo sottovalutare le opere di Thomas Gainsborough, William Hogarth, John Constable, Francis Bacon o Lucian Freud.

Il famoso movimento artistico degli anni '90 denominato Britart ha lanciato artisti concettuali come Damien Hirst, Rachel Whiteread e Tracey Emin: le loro opere sono tuttora esposte alla Saatchi Gallery (p28).

Teatro

Da Shakespeare agli Angry Young Men degli anni '60, quando John Osborne, Harold Pinter e Tom Stoppard dominavano i palcoscenici londinesi, la capitale inglese è sempre stata una potenza in campo teatrale, e le recenti contaminazioni tra i movimenti d'avanguardia e il commerciale West End hanno reso la sua scena teatrale la più eccitante del mondo. Per maggiori informazioni, v. pp89-90.

> ### Libertini e prostitute
> William Hogarth (1697-1764) fu un pittore e incisore satirico, e le sue opere moraleggianti offrono uno spaccato impareggiabile della vita dei miserabili nella Londra georgiana. Il ciclo di otto tavole intitolato *Carriera di una prostituta* narra le vicende di una ragazza di campagna, da povera ingenua a sgualdrina convinta, mentre nella *Carriera di un libertino*, il debosciato protagonista è intrattenuto da un gruppetto di prostitute in una taverna di Russell St.
>
> Le opere di Hogarth sono esposte al Sir John Soane's Museum (p31), alla Tate Britain (p20) e alla National Gallery (p14).

La scintillante Royal Opera House (p91)

Informazioni pratiche

Il modo migliore per evitare il traffico

ARRIVI E PARTENZE

Londra si può raggiungere per via aerea praticamente da ogni altra parte del mondo, e in autobus, treno e traghetto dall'Irlanda e dall'Europa continentale. Ci sono collegamenti diretti con gli Stati Uniti, l'Australasia e le città europee.

Aereo

Londra ha cinque aeroporti principali: Heathrow, il più grande, seguito da Gatwick, Stansted, London City e Luton. La maggior parte delle principali compagnie aeree ha biglietterie a Londra; v. alla voce 'Airlines' sulle Pagine Gialle (www.yell.co.uk).

HEATHROW
Informazioni

Situato circa 15 miglia (24 km) a ovest del centro di Londra, **Heathrow** (LHR; 1, B1 ☎ 0870 000 0123; www.baa.com/heathrow) è l'aeroporto internazionale più trafficato del mondo: ha quattro terminal, un quinto in costruzione e un sesto in progetto. In ciascun terminal ci sono uffici di cambio e sportelli di informazioni turistiche e prenotazioni alberghiere.

Gran parte del traffico aereo passa dai Terminal 1, 2 e 3. Tra le compagnie che utilizzano il Terminal 4 citiamo: Air Malta; British Airways (BA) per i voli intercontinentali escluso Miami; i voli europei BA per Amsterdam, Bruxelles, Copenaghen, Genova, Lione, Oslo, Parigi, Vienna e Zurigo; i voli BA per Abu Dhabi negli Emirati Arabi; Kenya Airways; Qantas Airways; e Sri Lankan Airlines.

Per/da Heathrow

Treno Il sistema più rapido per raggiungere il centro di Londra è l'**Heathrow Express** (☎ 0845 600 1515; www.heathrowexpress.co. uk; sola andata/andata e ritorno £13/25, gratuito per bambini ☺ 15 min, ogni 15 min 5.10-23.30) che collega l'aeroporto con la stazione di Paddington (2, C3).

Metropolitana Il mezzo di trasporto più economico per spostarsi da Heathrow al centro di Londra è la linea della metropolitana **Piccadilly** (£3,80 ☺ 1 ora, ogni 5-10 min 5.30-23.45). Le due stazioni della metropolitana servono una i Terminal 1, 2 e 3, l'altra il Terminal 4. Ciascuna stazione ha biglietterie e uffici.

Autobus L'**Airbus A2** (☎ 0870 574 7777; www.nationalexpress.com; sola andata/andata e ritorno da £8/15 ☺ 1 ora e mezzo, 5.30-22 da Heathrow; ogni 30 min nelle ore di punta) collega King's Cross St Pancras con tutti i terminal di Heathrow, passando dalla stazione della metro di Baker St, Marble Arch e Notting Hill Gate. L'**autobus Hotel Hoppa** (☎ 8400 6659; £3 ☺ ogni 15 min 5.30-21, e poi ogni 30 min fino alle 23.30) serve 15 hotel nei pressi dell'aeroporto.

Taxi Un black cab per/dal centro di Londra costa da £45 a £55.

GATWICK
Informazioni

Il più piccolo ma meglio organizzato **Gatwick** (LGW; 1, C2 ☎ 0870 000 2468; www.baa.com/gatwick) dista 30 miglia (48 km) a sud del centro di Londra. I Terminal North e South sono collegati da una monorotaia, che percorre il tragitto in due minuti. Da Gatwick partono voli charter, di linea e a basso costo easyJet.

Per/da Gatwick

Treno Il comodo **Gatwick Express** (☎ 0845 850 1530; www.gatwicke xpress.co.uk; sola andata/andata e ritorno £11/21,50 ☺ 30 min; ogni 15 min 5.50-1.35, e una corsa alle 5.20) collega la stazione del South Terminal con Victoria. **Connex South Central** (☎ 0845 748 4950; www.southcentraltrains.co.uk;

£8 🕑 ogni 15-20 min nelle ore di punta) è un treno più lento ed economico per/dalla stazione Victoria. **Thameslink** (☎ 0845 748 4950; www.thameslink.co.uk; da £10) ha corse per/da King's Cross, Farringdon e London Bridge.

Autobus Tra le 6 e le 23 l'**Airbus n. 025** (☎ 0870 574 7777; www.nationalexpress.com; sola andata/andata e ritorno £5/10 🕑 18 corse al giorno) fa servizio dalla Victoria Coach Station a Gatwick (per Londra: dalle 4.15 alle 21.15).

Taxi Un black cab per/dal centro di Londra costa da £80 a £85.

STANSTED
Informazioni
Il terzo aeroporto di Londra per traffico internazionale, **Stansted** (STN ☎ 0870 000 0303; www.baa.com/stansted) si trova a 35 miglia (56 km) in direzione nord-est dal centro. In passato relativamente tranquillo, è diventato uno dei più dinamici d'Europa grazie al successo delle compagnie a basso costo **Ryanair** (www.ryanair.com) e easyJet.

Per/da Stansted
Treno Lo **Stansted Express** (☎ 0845 748 4950; www.stanstedexpress.com; sola andata/andata e ritorno £13,80/24 🕑 45 min, ogni 15 min 8-17.30, altrimenti ogni 30 min) raggiunge la Liverpool St Station (3, DJ) dalle 6 alle 24 (corse per l'aeroporto 5-23).

Autobus Tra Stansted e Victoria Coach Station fa servizio l'**Airbus A6** (☎ 0870 574 7777; www.nationalexpress.com; sola andata/andata e ritorno da £6/15 🕑 ogni 20 min 5.30-24). L'Airbus A7 ha corse notturne ogni 15 minuti, che passano dalla stazione di Liverpool St.

Taxi Un black cab per/dal centro di Londra costa da £100 a £105.

LONDON CITY
Informazioni
Situato nei Docklands, 6 miglia (10 km) a est del centro, il **London City Airport** (LCY; 1, C1 ☎ 7646 0000; www.londoncityairport.com) è prevalentemente commerciale: serve 22 località europee e otto città inglesi.

Per/da London City
Autobus Lo **ShuttleAutobus** (☎ 7646 0088; www.londoncityairport.com/shuttlebus) di colore blu collega l'aeroporto di London City con la stazione di Liverpool St e Canary Wharf (£3,50/7 🕑 10 min; ogni 10 min 6.50-22). Lo **ShuttleAutobus** (☎ 7646 0088; www.londoncityairport.com/shuttlebus; sola andata/andata e ritorno £3/7 🕑 10 min, ogni 10 min 6-22.20) verde collega London City e le stazioni metro Canning Town, DLR e ferroviaria.

Taxi Un black cab per/dal centro di Londra costa da £25 a £30.

LUTON
Informazioni
Piccolo aeroporto situato circa 35 miglia (56 km) a nord del centro, **Luton** (LTN ☎ 01582 405100; www.london-luton.co.uk) è la base principale della compagnia a basso costo **easyJet** (☎ 0870 600 0000; www.easyjet.com) e di altri vettori charter minori.

Per/da Luton
Treno Il **Thameslink** (☎ 0845 748 4950; www.thameslink.co.uk) collega King's Cross e altre stazioni centrali alla stazione Luton Airport Parkway (£10,40; 30-40 min, ogni 15 min 7-22), dove c'è una navetta per l'aeroporto (8 minuti).

Autobus L'autobus n. 757 della **Green Line** (☎ 0870 608 7261; www.greenline.co.uk; sola andata/andata e ritorno £8,50/12,50 🕑 1 ora e 45 min, ogni 20 min 8-17, ogni ora 4-8 e 17-2) serve Luton, partendo da Buckingham Palace Rd a sud della stazione Victoria.

Taxi Un black cab per/dal centro di Londra costa da £95 a £100.

Autobus
REGNO UNITO

Chi viaggia in autobus parte dalla **Victoria Coach Station** (2, D5 ☎ 7730 3466; 164 Buckingham Palace Rd SW1). Le file sono spesso lunghe, perciò conviene prenotare (☎ 7730 3499 🕒 8.30-19 lun-ven, 8.30-15.30 sab). **National Express** (☎ 0870 580 8080; www.nationalexpress.com) è la principale autolinea, affiliata Eurolines. Gli itinerari principali sono coperti anche da compagnie minori, come **Green Line** (☎ 0870 608 7261; www.greenline.co.uk).

EUROPA CONTINENTALE

È tuttora possibile viaggiare per/dall'Italia e dall'Europa continentale in autobus, senza utilizzare il Tunnel della Manica. Si prenota direttamente tramite Eurolines (3, B6 ☎ 0870 514 3219; www.eurolines.com; 52 Grosvenor Gardens SW1), o National Express, alla Victoria Coach Station o tramite le agenzie di viaggi. In Italia contattate la sede nazionale Eurolines di Firenze (☎ 055 35 71 10; booking@eurolines.it; www.eurolines.it; Via Mercadante 2b).

Treno
REGNO UNITO

Le principali tratte interne sono servite dai treni InterCity, che possono raggiungere le 140 miglia/h (225 km/h), ma data l'inefficienza di questo servizio privatizzato vi sono spesso ritardi. Per chi non dispone di tessere, i biglietti più economici sono quelli di andata e ritorno in giornata oppure acquistati sette giorni prima (in vendita nelle principali stazioni ferroviarie). **National Rail Enquiries**

(☎ 0845 748 4950; www.rail.co.uk) fornisce orari e tariffe.

EUROPA CONTINENTALE

Per quanto riguarda le linee europee contattate **Rail Europe** (☎ 0870 584 8848; www.raileurope.com), mentre per i collegamenti dall'Italia **Trenitalia** (☎ 89 20 21, senza prefisso, unico da tutta Italia e attivo tutti i giorni dalle ore 7 alle ore 21; www.trenitalia.it). Ottimo anche il sito delle Ferrovie tedesche (http://bahn.hafas.de).

Eurostar

Passando dal Tunnel della Manica, il servizio passeggeri ad alta velocità **Eurostar** (☎ 0870 518 6186 o 01233-617575 extra Regno Unito; www.eurostar.com) collega la stazione Waterloo (3, E5) con la parigina Gare du Nord (3 ore; fino a 25 treni al giorno) e Bruxelles (2 ore e 40 min; fino a 12 al giorno); alcuni treni fermano anche a Lille e Calais in Francia. Le tariffe variano sensibilmente: per Parigi o Bruxelles si spendono da £59 (€90) per un biglietto di andata e ritorno APEX (prenotato almeno 21 giorni prima, e con un pernottamento di sabato) a £300 (€415) come tariffa massima per andata e ritorno. In Italia rivolgetevi a: **Rail Europe Italia – Ferrovie Francesi e Britanniche** (☎ 02 7254 4350; rail.pubblico@raileurope.it; www.raileurope.it; Galleria Sala dei Longobardi 2, 20121 Milano).

Le Shuttle

I treni gestiti da **Le Shuttle** (☎ 0870 535 3535; www.eurotunnel.com) trasportano veicoli e biciclette da Folkestone in Inghilterra a Coquelles in Francia (vicino a Calais), e hanno fino a una corsa ogni 15 minuti (ogni ora 1-6). La prenotazione online costa meno: la tariffa escursionistica da due a cinque giorni parte da £105 (€290); in loco, l'andata e ritorno preacquistata costa £40 e l'andata e ritorno in giornata da £100 in su. Tutte le tariffe indicate comprendono un veicolo e i passeggeri. L'agente in Italia è **Adsum Italy** (☎ 06 5224 8483; eurotunnel-it@adsum.ws; Via Ildebrando Vivanti 4, 00144 Roma).

Documenti di viaggio
Carta d'identità

I cittadini dell'Unione Europea (italiani compresi) non hanno bisogno del passaporto per soggiornare a Londra; è sufficiente la sola carta d'identità valida per l'espatrio. I minori di 15 anni devono essere muniti della 'carta bianca', oppure essere registrati sul passaporto di uno dei genitori. I cittadini di altre nazionalità possono consultare il sito www.ukvisas.gov.uk.

Dogana

Come tutte le nazioni dell'Unione Europea, il Regno Unito ha un sistema doganale doppio: per i beni acquistati duty-free e per quelli acquistati in un paese dell'Unione dove tasse e diritti sono già stati pagati.

I limiti per i beni acquistati duty-free fuori dall'UE sono i seguenti: 200 sigarette o 250 g di tabacco; 2 l di vino fermo più 1 l di alcolici con tasso superiore al 22% o altri 2 l di vino (frizzante o fermo); 50 g di profumo, 250 cc di eau de toilette; e altri beni (compresi sidro e birra) fino a £145.

Si possono acquistare beni in altri paesi UE, dove magari sono meno cari, e portarli nel Regno Unito, purché siano stati pagati diritti e tasse: fino a 800 sigarette; 200 sigari e 1 kg di tabacco; 10 l di alcolici; 20 l di vini ad alta gradazione; 90 l di vino (solo fino a 60 l di spumante); e 110 l di birra.

Deposito bagagli

Ci sono dei depositi bagagli (£5 per collo al giorno) al **Terminal 1** (☎ 8745 5301 ✹ 6-23), **Terminal 2** (☎ 8745 4599 ✹ 5.30-22.30), **Terminal 3** (☎ 8759 3344 ✹ 5.30-22.30) e **Terminal 4** (☎ 8745 7460

✹ 5-23) di Heathrow, che possono tutti spedire i bagagli.

Anche al **North Terminal** (☎ 012 93-502013 ✹ 6-22) e **South Terminal** (☎ 01293-502014 ✹ 24 ore su 24) di Gatwick ci sono dei depositi.

TRASPORTI URBANI

Nonostante le sue condizioni, la metropolitana resta il mezzo di trasporto migliore per attraversare questa grandissima città. La nuova tassa sugli ingorghi (v. Automobile e motocicletta, p114) consente agli autobus di svolgere meglio il loro servizio, ma la metropolitana è comunque più veloce e i black cab autorizzati sono cari. Per informazioni generali su metropolitana, autobus, Docklands Light Railway (DLR) o i treni locali, chiamate ☎ 7222 1234 o visitate il sito www.tfl.gov.uk. Per informazioni aggiornate sul funzionamento dei servizi, rivolgetevi a **Travelcheck** (☎ 7222 1200).

Abbonamenti

Le Travelcard giornaliere si possono usare dopo le 9.30 nei giorni feriali (e in qualunque fascia oraria durante il fine settimana) su tutti i mezzi di trasporto: metropolitana, principali linee ferroviarie, DLR e autobus (comprese le corse notturne). La maggior parte dei turisti ritiene sufficiente la Travelcard per le Zone 1 e 2 (£4,30/2 adulti/ridotti), mentre se viaggiate prima delle 9.30 da lunedì a venerdì, avrete bisogno di una Peak Travelcard (£5,30/2,60) per le Zone 1 e 2.

La Travelcard settimanale per le Zone 1 e 2, valida in qualunque fascia oraria, costa £20,20/8,20. La Travelcard per il fine settimana valida sabato e domenica nelle Zone 1 e 2 costa £6,40/3 e sono in vendita anche Travelcard per famiglie.

Autobus

Gli autobus sono in servizio dalle 7 alle 24; meno frequenti quelli notturni (contrassegnati dalla lettera N) che viaggiano tra le 24 e le 7.

I biglietti per una sola corsa (validi 2 ore) costano £1/40p adulti/bambini e le tessere giornaliere £2,50/1 adulti/bambini. In centro, potete acquistarli *prima* di salire a bordo ai distributori automatici presso le fermate con le insegne gialle. Altrimenti si acquistano a bordo.

Trafalgar Square (6, E6), Tottenham Court Rd (6, C1) e Oxford Circus (6, A1) sono i principali terminal degli autobus notturni. *Central London Bus Guide Map* e diverse cartine locali sono distribuite gratuitamente dalla maggior parte dei centri informazioni.

Automobile e motocicletta

Se percorrete il centro in automobile dalle 7 alle 18.30 dei giorni feriali dovrete pagare £5 al giorno (le motociclette sono esenti). Attualmente la zona a pedaggio è grossomodo delimitata a sud da Euston Rd, a ovest da Commercial St (vicino alla stazione di Liverpool St), a nord da Kennington Lane e a est da Park Lane, ma è in programma un ulteriore ampliamento.

All'inizio della zona troverete una grande C in un cerchio rosso, oltre la quale dovrete pagare £5 prima delle 22 dello stesso giorno, o £10 tra le 22 e le 24, per evitare una multa di £80. Le telecamere filmano le targhe e le autorità competenti sono collegate alle agenzie internazionali, perciò anche gli stranieri con i propri veicoli sono costretti a pagare. Se noleggiate un veicolo, accordatevi con la compagnia.

Il pedaggio si può pagare telefonicamente al ☎ 0845 900 1234 o dalle edicole, stazioni di servizio e negozi con la C. In alternativa registratevi al sito www.cclondon.com e pagate con un SMS. Sul sito troverete informazioni più dettagliate.

Parcheggiare in centro è difficile. Gli addetti ai controlli sono molto efficienti e se l'auto viene rimossa, pagherete almeno £125: in caso di rimozione, telefonate al ☎ 7747 4747 (24 ore su 24).

Codice stradale

I veicoli viaggiano a sinistra, ma alle rotonde la precedenza è a destra. Sono obbligatorie le cinture di sicurezza anteriori (anche posteriori se esistono) e i caschi per i motociclisti. I limiti di velocità in vigore sono 30mph (48 km/h) nelle zone abitate, 60mph (96 km/h) sulle carrozzabili a una corsia, e 70mph (112 km/h) sulle autostrade e le strade a due corsie. Il limite del tasso alcolico nel sangue è 0,08% (80 mg/100 ml per ogni litro di sangue). Copia dell'*Highway Code* è distribuita dagli uffici AA o RAC.

Noleggio

Con tariffe a partire da soli £15 al giorno, **EasyCar** (☎ 0906 333 3333; www.easycar.com) è la compagnia più economica della capitale, e ha dimostrato come false le accuse di servizio scadente avanzate da un importante quotidiano. Le grandi compagnie come **Budget** (☎ 0870 156 5656; www.budget.co.uk) e **Hertz** (☎ 0870 599 6699; www.hertz.com) fanno pagare da £45 in su al giorno e da £150 a £200 a settimana per le utilitarie.

Patente di guida

I cittadini italiani possono guidare con la sola patente italiana. Per informazioni chiamate l'ACI informazioni per l'estero ☎ 06 49 11 15, oppure collegatevi al sito www.viaggiaresicuri.mae.aci.it.

DLR e treno

La Docklands Light Railway, senza conducente, collega la City con Bank e Tower Gateway a Tower Hill, con corse per Stratford a est e i Docklands e Greenwich a sud. La DLR fa servizio nei giorni feriali dalle 5.30 alle 0.30 (orari ridotti nel fine settimana); le tariffe sono uguali alla metropolitana (v. p113). Per informazioni chiamate ☎ 7363 9700 o consultate il sito www.dlr.co.uk. Per quanto riguarda le ultime notizie sul funzionamento di DLR e autobus dei Docklands, chiamate la Docklands Travel Hotline al numero ☎ 7918 4000, attivo 24 ore su 24.

Altri treni passeggeri sono gestiti da **Silverlink** (linea North London ☎ 0845 601 4867/8; www.silverlink-trains.com), che collega Richmond a sud-ovest con North Woolwich a sud-est; e **Thameslink** (☎ 0845 748 4950; www.thameslink.co.uk), con linee da London Bridge attraverso la City e fino a King's Cross e Luton. Quasi tutte le linee intersecano la metropolitana, per cui le Travelcard si possono utilizzare su entrambe le reti.

Metropolitana

Le 12 linee della metropolitana (Underground) raggiungono il Buckinghamshire, Essex e Heathrow. Vi sono centri informazioni in tutti i terminal di Heathrow, in una mezza dozzina di importanti stazioni della metropolitana, e presso le principali stazioni ferroviarie. Le corse fanno servizio dalle 5.30 (7 la domenica) alle 24 circa.

La metropolitana è suddivisa in sei zone concentriche. La tariffa base per la Zona 1 è £2/60p per adulti/bambini; per attraversare tutte le sei zone (per esempio per/da Heathrow) si spendono £3,80/1,50. Un carnet di 10 biglietti per la Zona 1 costa £15/5. Se attraversate un paio di zone o effettuate varie corse al giorno, valutate l'acquisto di una Travelcard (v. p113).

I biglietti si possono acquistare presso i distributori o gli sportelli di ciascuna stazione.

Taxi

I conducenti dei black cab autorizzati hanno seguito dei corsi per conoscere ogni via del centro, perciò arriverete sicuramente a destinazione. I taxi sono disponibili quando è accesa la luce gialla sul parabrezza; le tariffe sono determinate dal tassametro, a partire dalla tariffa base di £1,60 e al costo di 90p per ogni chilometro successivo. Per chiamare un black cab telefonate a **Dial-a-Cab** (☎ 7253 5000); si paga soltanto con la carta di credito (supplemento del 15%).

I minicab, alcuni dei quali con regolare licenza, sono meno cari ma si possono contattare solo telefonicamente o tramite un loro ufficio, presente in tutti i quartieri e nelle vie principali. Alcuni conducenti non conoscono molto bene Londra, oppure non sono autisti provetti. I minicab possono trasportare fino a quattro persone e non hanno il tassametro, perciò fatevi dire il prezzo prima della partenza; talvolta è possibile contrattare.

Alcune piccole compagnie hanno sede in determinate zone della città. Provate uno dei centralini sempre in funzione: ☎ 7387 8888, 7272 2222/ 3322 o 8888 4444.

NOTIZIE GENERALI
Ambasciate e consolati

Italia (☎ 7312 2200; ambasciata.londra@ esteri.it; www.embitaly.org.uk 14; Three Kings Yard, London W1K 4EH; t Bond Street)
Svizzera (☎ 7616 6000; vertretung@lon. rep.admin.ch; www.eda.admin.ch/london; 16-18 Montagu Place, London W1H 2BQ; t Baker Street o t Marble Arch)

Clima ed epoca del viaggio

Londra si può visitare tutto l'anno. L'alta stagione va da giugno ad agosto, quando il tempo è migliore ma c'è anche più gente. Anche in aprile/ maggio o settembre/ottobre il tempo

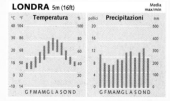

può essere bello e le code si accorciano, mentre i mesi da novembre a marzo sono i più tranquilli e in piena estate può far freddo e piovere.

Donne in viaggio

A parte qualche raro fischio e lo spiacevole contatto dei corpi in metropolitana, le donne considerano i maschi londinesi ragionevolmente inoffensivi. Se avete più di 16 anni, potete acquistare la pillola del giorno dopo al bancone di molte farmacie.

Informazioni e organizzazioni
Marie Stopes International (3, C2 ☎ 0845 300 8090; 108 Whitfield St W1 ❂ 7-22 ❂ Warren St) fornisce informazioni su contraccezione, controlli sanitari e aborto.
Rape & Sexual Abuse Helpline (☎ 8683 3300) fa servizio dalle 12 alle 14.30 e dalle 19 alle 21.30 da lunedì a venerdì e dalle 14.30 alle 17 nel fine settimana. Un buon sito da consultare prima della partenza è www.permesola.com.

Elettricità

Il voltaggio standard in Gran Bretagna è 230/240V AC, 50Hz. Le spine hanno tre spinotti quadrati, e gli adattatori sono reperibili ovunque.

Emergenze

Londra è notevolmente tranquilla, considerate le sue dimensioni e condizioni sociali. Fate attenzione di notte e nei luoghi affollati come la metropolitana, dove sono in azione gli scippatori.

Ambulanza, vigili del fuoco e polizia ☎ 999

Fotografia e video

Le pellicole fotografiche si trovano ovunque. Provate da **Jessops** (6, D1 ☎ 7240 6077; 63-69 New Oxford St WC1 ❂ Tottenham Court Rd), che ha negozi in tutta la città, oppure in uno dei negozi Boots (v. Farmacie, p119).

Il Regno Unito, come l'Italia, utilizza il sistema PAL, incompatibile con quello americano e giapponese NTSC.

Giornali e riviste

I principali quotidiani inglesi sono quasi tutti a tiratura nazionale. Gli unici veramente londinesi sono il pomeridiano *Evening Standard* e *Metro*, distribuito gratuitamente al mattino.

Ormai non c'è più molta differenza tra giornali seri e tabloid ossessionati dalle celebrità. L'*Independent*, per esempio, ha riscosso un grandissimo successo con la sua edizione in formato ridotto, subito seguito dal più conservatore *Times*. Nonostante la crisi del quotidiano tradizionalmente più venduto, il *Telegraph* (bastione dei conservatori), sono tuttora in auge *tabloid* più vecchi come *Sun* e *Daily Mirror*.

Di grande formato, il *Guardian* è il giornale che dà voce all'ala *liberal* di Londra, mentre i *tabloid* di medio livello e soprattutto il *Daily Mail* sono più rivolti a destra. V. p78 per le riviste di annunci.

Giorni festivi

Capodanno	1° gennaio
Venerdì Santo	fine marzo/aprile
Lunedì di Pasquetta	fine marzo/aprile
May Day Bank Holiday	maggio (1° lunedì)
Spring Bank Holiday	maggio (ultimo lunedì)
Summer Bank Holiday	agosto (ultimo lunedì)
Natale	25 dicembre
Santo Stefano	26 dicembre

Informazioni turistiche

Il Britain Visitor Centre gestito dalla British Tourism Authority (BTA) e i centri informazioni di Visit London, l'ente turistico londinese, forniscono solo informazioni sul posto. Altrimenti potete chiamare **BTA** (☎ 8846 9000; www.visitbritain.com) o **Visit London** (☎ 7932 2000; www.visitlondon.com). Visit London ha una **London Line** (☎ 09068 663344; 60p al minuto) con informazioni su luoghi turistici, alberghi, visite guidate, spettacoli teatrali, Londra per i bambini e altro ancora.

Informazioni turistiche all'estero

Per ricevere informazioni e materiale prima della partenza, contattate le sedi del BTA:

Italia (☎ 02 880 8151; informazioni@ visitbritain.org; www.visitbritain.com/ ciao; Corso Magenta 32, 20123 Milano; 🕑 9-17 lun-ven)

Svizzera (☎ 043-322 2000; ch-info@ visitbritain.org; www.visitbritain.com/ chde; Badenerstrasse 21, 8004 Zurigo; 🕑 9-16 lun-ven)

Britain Visitor Centre

Il **Britain and London Visitor Centre** (6, C4; 1 Regent St SW1 🕑 9.30-18.30 lun, 9-18.30 mar-ven, 10-16 sab e dom ⊖ Piccadilly Circus) offre: informazioni turistiche; prenotazioni di alberghi, trasporti e teatri; cartine e libri. Da giugno a settembre è aperto dalle 9 alle 17 il sabato.

Tourist Information Centres

Visit Britain ha un TIC nell'atrio arrivi dell'International Terminal di Waterloo (3, E5 ☎ 7928 6221 🕑 8.30-22.30 lun-sab, 9.30-22.30 dom) e un altro a Greenwich (5, B2 ☎ 0870 608 2000; Pepys House, 2 Cutty Sark Gardens SE10 🕑 10-17 lun-sab, e 10-17 dom giu-set).

C'è anche un **TIC** (3, G3 ☎ 7332 1456; St Paul's Churchyard EC4 🕑 9.30-17 apr-set, 9.30-17 lun-ven, 9.30-12.30 sab ott-marzo ⊖ St Paul's) della Corporation of London.

Internet

Londra è stracolma di internet bar. La catena principale è easyEverything, con 15 locali oltre quelli citati di seguito (per maggiori informazioni, v. il sito www. easy everything.com).

Internet bar

BTR (3, C2 ☎ 7681 4223; www.be-the-reds.com; 39 Whitfield St W1; 50p per 5 min 🕑 9-20 lun-ven, 11-19 sab e dom ⊖ Goodge St). Qui potete usare il vostro portatile.

easyEverything (3, B6 ☎ 7233 8456; www.easyeverything.com; 9-13 Wilton Rd S W1 🕑 8-24 mar-sab, 8-23 dom-lun ⊖ Victoria) C'è una succursale in 9-16 Tottenham Court Rd (3, C3 🕑 8-24 dom-mer, 8-2 gio-sab ⊖ Tottenham Court Rd). Il servizio costa £1 da 10 minuti a un'ora, a seconda della fascia oraria.

Siti utili

Sul sito EDT (www.edt.it) potete consultare le 'Microguide' Lonely Planet tradotte in italiano, nonché una serie di utili link per programmare il vostro viaggio. Il sito Lonely Planet (www.lonelyplanet.com) offre link veloci a numerosi siti di Londra. Tra gli altri ricordiamo:

BBC London (www.bbc.co.uk)
Evening Standard (www.thisis london. co.uk)
Time Out (www.timeout.com)
UK Weather (www.met-office.gov.uk)

Mance

Ristoranti	dal 10% al 15% (di solito compresa)
Taxi	arrotondamento alla sterlina superiore
Facchini	£2 a bagaglio

Moneta

La sterlina (£) è divisa in 100 pence (p). Le monete da 1p e 2p sono color rame; da 5p, 10p, 20p e 50p argento; la pesante moneta da £1 è dorata; e quella da £2 ha un bordo dorato con centro d'argento. Le banconote sono in tagli da £5, £10, £20 e £50. È improbabile che il Regno Unito adotti l'euro nel prossimo futuro.

Tassi di cambio

Per informazioni aggiornate sui tassi di cambio potete consultare www.oanda.com. Al momento della stesura erano i seguenti:

€1 = £0,66
US$1 = £0,53
£1 = €1,49

Cambio calcolato con il dollaro a un valore di circa €0,80.

Bancomat

I bancomat collegati ai circuiti internazionali si trovano all'esterno delle banche, nelle stazioni ferroviarie e anche in alcuni pub e negozi.

Cambio

A Londra è facile cambiare, vista la concorrenza di banche, *bureaux de change* e agenzie di viaggi. Vi sono sportelli aperti 24 ore su 24 ai Terminal 1, 3 e 4 di Heathrow (l'ufficio del Terminal 2 apre dalle 6 alle 23).

Le sedi centrali di **Amex** (6, C3 ☎ 7484 9600; 30-31 Haymarket 🕑 9-18 lun-sab, 10-17 dom ⊖ Piccadilly Circus), e **Thomas Cook** (3, C4 ☎ 7853 6400; 30 St James's St 🕑 9-17.30 lun-ven, dalle 10 mer, 10-16 sab ⊖ Green Park) si trovano in centro.

Le banche di Londra sono generalmente aperte dalle 9.30 alle 17.30 da lunedì a venerdì, e qualcuna anche dalle 9.30 alle 12 il sabato.

Carte di credito

Le seguenti carte di credito sono accettate ovunque. Per informazioni e assistenza 24 ore su 24, chiamate:

Amex	☎ 01273-689955/ 696933
Diners Club	☎ 0800 460800, 01252-516261
JCB	☎ 7499 3000
MasterCard	☎ 0800 964767
Visa	☎ 0800 895082

Travellers' cheque

Thomas Cook (☎ 01733-318950) e **American Express** (Amex ☎ 0870 600 1060) sono molto diffusi, non fanno pagare nulla per incassare i propri assegni (ma i loro tassi di cambio non sempre sono competitivi) e spesso sostituiscono gli assegni rubati o smarriti entro 24 ore; entrambi hanno uffici in tutta Londra.

Oggetti smarriti

Per gli oggetti smarriti su treni e metropolitane rivolgetevi a **London's Lost Property Office** (3, A2; 200 Baker St NW1 5RZ 🕑 9.30-14 lun-ven ⊖ Baker St).

Per i treni chiamate ☎ 7928 51 51, dove la chiamata sarà inoltrata al corretto terminal principale.

Per i black cab, chiamate ☎ 7918 2000.

Ora

L'ora di Londra, Greenwich Mean Time (GMT), è quella in base alla quale si calcolano tutti i fusi orari del mondo. Quando a Londra è mezzogiorno sono le:

13 a Roma e Parigi
7 a New York
4 a Los Angeles

Dalla fine di marzo alla fine di ottobre, persino Londra sposta l'orologio avanti di un'ora per la British Summer Time.

Orari d'apertura

Uffici	9/10-17/17.30/18 lun-ven
Negozi	9/10-18 lun-sab (in alcuni casi 10-16 o 12-18 dom)
Late-Night Shopping	9/10-20 gio nel West End

Posta

La Royal Mail, il servizio postale britannico, ha due classi di servizi: le lettere con francobollo 1st-class vengono consegnate in un giorno o due, mentre quelle con francobollo 2nd entro una settimana. I francobolli si acquistano negli uffici postali, dai distributori automatici all'esterno degli uffici suddetti, e in alcune edicole e negozi.

Per informazioni generali chiamate ☎ 0845 722 3344 o visitate il sito www.royalmail.com.

Gli uffici postali londinesi sono aperti solitamente dal lunedì al venerdì dalle 8.30 o 9 alle 17 o 17.30, e i più importanti aprono anche il sabato dalle 9 alle 12 o 13. L'ufficio di Trafalgar Square (GPO/fermoposta; in William IV St) apre dal lunedì al venerdì dalle 8.30 alle 18.30 e il sabato dalle 9 alle 17.30.

Tariffe postali

La posta interna di 1st-/2nd-class (fino a 60 g) costa 20/28p; le cartoline per l'Europa/Australasia e le Americhe 38/42p. Spedire dall'Italia corrispondenza di peso non superiore ai 20 g costa €0,62.

Radio

Tra le stazioni radiofoniche londinesi ricordiamo la stazione pop Capital FM (95.8FM) e Capital Gold (1548AM), che trasmette musica degli anni '60-'80. BBC London Live (94.9FM) tratta soprattutto dibattiti, mentre Xfm (104.9FM) è una radio alternativa con repertorio di musica indie.

Ecco alcune stazioni nazionali:

BBC Radio 1 (98.8FM) Pop/rock/dance.

BBC Radio 2 (89.1FM) '60, '70 e '80 e vecchi successi.

BBC Radio 3 (91.3FM) Musica classica e commedie.

BBC Radio 4 (93.5FM) Notiziari, opere teatrali, dibattiti.

Radio 5 Live (909AM) Sport e notiziari.

BBC World Service (648AM) Notizie da tutto il mondo.

Jazz FM (102.2FM) Jazz e blues.

Classic FM (100.9FM) Musica classica e pubblicità.

Salute

Assicurazione e assistenza medica

I reciproci accordi tra Regno Unito e Italia e vari altri stati consentono ai cittadini di questi paesi di ricevere assistenza di emergenza gratuita dal National Health Service (NHS), ma è sempre meglio stipulare un'assicurazione sanitaria che copra le spese per l'ambulanza e il rimpatrio.

Assistenza sanitaria

Ecco alcuni ospedali con pronto soccorso aperto 24 ore su 24:

Guy's Hospital (3, H5 ☎ 7955 5000; St Thomas St SE1 ⊖ London Bridge)

Royal Free Hospital (2, D1 ☎ 7794 0500; Pond St NW3 ⊖ Belsize Park)

University College Hospital (3, C2 ☎ 7387 9300; Grafton Way WC1 ⊖ Euston Square)

Cure odontoiatriche

Per trovare un dentista in caso di emergenza, chiamate l'**Eastman Dental Hospital** (3, E1 ☎ 7915 1000; 256 Gray's Inn Rd WC1 ⊖ King's Cross St Pancras).

Farmacie

C'è sempre una farmacia locale di turno (v. i quotidiani). **Boots** (6, C3 ☎ 7734 6126; www.boots.com; 44-46 Regent St W1 ☽ 9-20 ⊖ Piccadilly Circus) di fronte alla statua di Eros ha un orario prolungato, come **Pharmacentre** (2, D3 ☎ 7723 2336, 0808 108 7521; 149 Edgware Rd ☽ 9-24 ⊖ Edgware Rd).

Precauzioni

L'acqua del rubinetto è sicura, e i timori riguardanti la carne di vitello (per l'encefalite bovina spongiforme, o 'sindrome da mucca pazza') e di agnello (in seguito all'epidemia di afta epizootica del 2002) sono ormai un brutto ricordo.

Vaccinazioni

Non sono necessarie vaccinazioni particolari.

Sconti

Le principali attrattive offrono sconti ai bambini (verificate sul posto i limiti di età), ai possessori di tessere under 25 (o 26), agli studenti con tessera ISIC (ci possono essere dei limiti di età), agli over 60 (o 65; talvolta questo limite è più basso per le donne), ai disabili e alle famiglie.

Il **London Pass** (☎ 0870 242 99 88; www.londonpass.com) consente l'accesso gratuito a oltre 70 musei e altre attrattive (v. le singole voci per informazioni), e trasporti illimitati sulla metropolitana (Zone 1-6), autobus e treni in centro. La tessera costa £32/55/71/110 per 1/2/3/6 giorni (£20/34/45/61 da 5 a 15 anni).

Tessere per over 60

Molti luoghi turistici offrono l'ingresso ridotto a chi supera i 60 o 65 anni (talvolta il limite per le donne è 55 anni); informatevi se non vedete alcun riferimento a sconti. Le ferrovie italiane rilasciano la Carta Rail Plus (€20) agli ultrasessantenni.

Tessere per studenti, giovani e insegnanti

La International Student Identity Card (ISIC), l'International Youth Travel Card (IYTC) rilasciata dalla Federation of International Youth Travel Organisations (FIYTO), e l'International Teacher Identity Card (ITIC) danno diritto a sconti sui mezzi di trasporto e sugli ingressi.

In Italia le tessere ISIC e ITIC costano ciascuna €10 e la Carta Giovani costa €11 (per coloro che hanno meno di 26 anni e non sono studenti) e vengono rilasciate dalle sedi del CTS, Centro Turistico Studentesco (sede di Roma: ☎ 06 44 11 11; www.cts.it; Via Andrea Vesalio 6, 00161 Roma).

Servizi igienici

A Londra i servizi igienici sono pochi e distanti tra loro. Quelli delle principali stazioni ferroviarie (20p), dei capolinea degli autobus e dei siti turistici sono in ordine e in certi casi hanno anche dei servizi per disabili e bimbi piccoli.

Sistema imperiale

Il Regno Unito è ufficialmente passato al sistema metrico decimale, ma la maggior parte della gente continua a usare il vecchio sistema imperiale. Le distanze sono tuttora indicate in miglia, iarde, piedi e pollici, mentre la maggior parte dei liquidi – esclusi birra e latte, suddivisi in pinte e mezze pinte – sono venduti al litro. V. la seguente tabella di conversione.

TEMPERATURA

$°C = (°F - 32) / 1{,}8$
$°F = (°C \times 1{,}8) + 32$

DISTANZA
1 pollice = 2,54 cm
1 cm = 0,39 pollici
1 m = 3,3 piedi = 1,1 iarde
1 piede = 0,3 m
1 km = 0,62 miglia
1 miglio = 1,6 km

PESO
1 kg = 2,2 libbre
1 libbra = 0,45 kg
1 g = 0,04 once
1 oncia = 28 g

VOLUME
1 l = 0,26 galloni USA
1 gallone USA = 3,8 l
1 l = 0,22 galloni imperiali
1 gallone imperiale = 4,55 l

Telefono

I telefoni pubblici, onnipresenti a Londra, funzionano a gettone (minimo 20p), con scheda telefonica o carta di credito.

Numeri utili

Centralino	☎ 100
Chiamate a carico del destinatario	☎ 155
Informazioni abbonati esteri	☎ 153
Informazioni elenco abbonati	☎ 118 118
Meteo	☎ 0906 850 0401
Ora	☎ 123
Prefisso internazionale	☎ 00

Prefissi

Regno Unito	☎ 44
Londra	☎ (0) 20

Prefissi internazionali

Italia ☎ 0039

Svizzera ☎ 0041

Schede telefoniche

Le schede locali e internazionali sono in vendita nelle edicole, comprese le British Telecom (BT) da £3, £5, £10 e £20. La scheda ekit Lonely Planet, pensata per i viaggiatori, offre tariffe competitive per chiamate internazionali (non usatela per le chiamate nazionali), servizi di messaggeria ed e-mail gratuita. Visitate il sito www.lonelyplanet.com/travel_services per maggiori informazioni su questo servizio.

Telefoni cellulari

Il Regno Unito utilizza la rete telefonica GSM 900, che copre l'Italia e l'Europa continentale, ma è incompatibile con la rete nordamericana GSM 1900 o il sistema giapponese (alcuni nordamericani hanno telefoni GSM 1900/900 che funzionano). Si può affittare un cellulare da varie compagnie, compresa **Mobell** (☎ 0800 243524; www.mobell.com), da £2,50 a £5 al giorno, più la cauzione da £250 a £300.

Televisione

Ci sono moltissimi canali (compresa Sky TV), via cavo e digitali, tra cui scegliere. I cinque canali gratuiti, compresi due della BBC senza pubblicità, sono:

BBC1 *Fame Academy, Walking with Dinosaurs, Eastenders, BBC News.*

BBC2 *Weakest Link, University Challenge, Newsnight.*

ITV *Pop Idol, Who Wants to be a Millionaire, Stars in their Eyes, Blind Date, Coronation St, The Bill.*

Channel 4 *Friends, ER, Will & Grace, Channel 4 News, Channel 4 News, Hollyoaks, Countdown.*

Channel 5 Soprattutto film degli anni '80 di serie B.

Tenersi in forma
Equitazione

Da **Hyde Park Stables** (2, C4 ☎ 7723 2813; www.hydeparkstables.com; 63 Bathurst Mews W2 ⊖ Lancaster Gate) si noleggiano cavalli da £40 a £60 all'ora, a seconda del giorno e dell'esperienza del fantino.

Palestre

Il comodo **Oasis Sports Centre** (6, D1 ☎ 7831 1804; 32 Endell St WC2 ⊖ Covent Garden) ha piscine riscaldate e al coperto lunghe 25 m, palestre e campi da squash e badminton. L'ingresso alla piscina costa £3. I campi e le palestre si devono prenotare.

Piscine e centri termali

Tra i centri termali tradizionali ricordiamo **Art Deco Porchester Spa** (2, C3 ☎ 7792 3980; Porchester Centre, Queensway W2; adulti/coppie £18,95/£26,75 ⊖ Bayswater/Royal Oak) e **Ironmonger Row Baths** (3, G1 ☎ 7253 4011; Ironmonger Row EC1; bagno turco £6,50-11; piscina £3,10 ⊖ Old St), che offrono entrambi ore separate per uomini e donne; telefonate per informazioni.

Si può nuotare all'aperto nelle piscine miste, e per uomini e donne di **Hampstead Heath** (☎ 7485 4491 🕐 7-tramonto 🚉 Hampstead Heath/Gospel Oak), ma sappiate che la piscina maschile è un luogo di incontri gay. In città ci sono numerose altre piscine, anche all'aperto; v. alla voce 'swimming pools' o 'leisure centres' delle Pagine Gialle (www.yell.co.uk).

Tennis

La **Lawn Tennis Association** (☎ 7381 7000; www.lta.org.uk; Queen's Club, Palliser Rd W14) pubblica degli opuscoli su dove giocare a tennis a Londra; inviate una busta affrancata.

In alternativa consultate il sito www.londontennis.co.uk per sapere dove si trovano i campi, che sono sparsi in quasi tutti i parchi della città.

Viaggiatori disabili

Londra non è una città facile per chi ha problemi di mobilità. L'accesso alla metropolitana è assai limitato, mentre i marciapiedi irregolari e le folle rendono difficile l'uso delle sedie a rotelle. Gli autobus più recenti sono dotati di gradini bassi, ed esistono anche corse speciali per disabili: n. 205 e 705. La 205 è più utile perché fa servizio da Paddington a Whitechapel, mentre la 705 va da Victoria a Waterloo e London Bridge: entrambe sono in servizio dalle 6 alle 24.

Per maggiori informazioni rivolgetevi a **Transport for London's Access & Mobility** (☎ 7222 1234 o 7918 3015; Windsor House, 42/50 Victoria St, London SW1 9TN).

Informazioni e organizzazioni

La **Royal Association for Disability and Rehabilitation** (RADAR ☎ 7250 3222; www.radar.org.uk; Unit 12, City Forum, 250 City Rd, London EC1V 8AF) comprende vari gruppi di disabili ed è un'utile fonte di informazioni.

In Italia contattate: Mondo possibile (☎ 011 309 63 63; www.mondo possibile.com) e Centro Documentazione Handicap (☎ 051 641 50 05; cdh@accaparlante.it; www.accaparlante.it; Via Legnano 2, 40132 Bologna).

Viaggiatori omosessuali

La Gran Bretagna è piuttosto tollerante nei confronti dell'omosessualità e Londra ha una vivace scena gay, ma non mancano alcuni atteggiamenti ostili e le manifestazioni palesi di affetto sono sconsigliate, tranne nei locali per omosessuali e in zone come Old Compton St a Soho. L'età del consenso è 16 anni come per gli eterosessuali. Il portale www.gay.it vi potrà fornire suggerimenti utili prima della partenza.

Informazioni e organizzazioni

Il **Lesbian & Gay Switchboard** (☎ 7837 7324) è in funzione 24 ore su 24. Per quanto riguarda le riviste, v. p94.

LINGUA

Sebbene l'inglese sia la lingua ufficiale, nella capitale si parlano attualmente oltre 300 idiomi diversi.

L'inglese parlato a Londra e dintorni viene definito 'estuary English' (inglese dell'estuario) ed è caratterizzato da una *t* glottale (per cui la parola 'alright' suona come 'orwhy'), una spiccata inflessione e, negli ultimi anni, anche il costante uso di 'innit'.

Per maggiori informazioni, v. *British Phrasebook* della Lonely Planet. Utile il dizionario italiano-inglese, inglese-italiano di Vallardi (Milano, 2004).

La sentinella del Natural History Museum

Indice analitico

V. anche gli indici specifici di Pasti (p125), Pernottamento (p126), Shopping (p126) e Luoghi interessanti con il riferimento alle cartine (p127)

PASTI

PERNOTTAMENTO

SHOPPING

Luoghi interessanti

Finito di stampare presso AGG Printing Stars s.r.l.
Stabilimento Pozzo Gros Monti, Moncalieri (TO)
nel mese di novembre 2004

Ristampa

Anno

0 1 2 3 4 5 6

2004 05 06 07 08 09

CAPITOLI

Sausage & Mash Cafe	**Pasti**
Royal Albert Hall	**Divertimenti**
Crown & Goose	**Locali**
Big Ben	**Da non perdere**
Harrods	**Shopping**
London Dungeon	**Luoghi, attività**
Metropolitan Hotel	**Pernottamento**

TERRITORIO

- Edificio
- Terra
- Centro commerciale
- Altra area
- Parco, cimitero
- Area sportiva
- Area urbana

IDROGRAFIA

- Fiume, torrente
- Fiume ipogeo
- Canale
- Acque

CONFINI

- Statali, provinciali
- Regionali, urbani
- Antiche mura

STRADE

- Autostrada
- Superstrada
- Strada importante
- Strada secondaria
- Strada minore
- Vicolo
- In costruzione
- Senso unico
- Strada sterrata
- Viale, gradinata
- Tunnel
- Sentiero
- Percorso
- Trekking
- Itinerario a piedi

TRASPORTI

- Aeroporto
- Linea autobus
- Traghetto
- Trasporti
- Metro
- Ferrovia

SIMBOLI

- Banca, bancomat
- Castello, fortezza
- Chiesa cristiana
- Ambasciata, consolato
- Ospedale, clinica
- Informazioni
- Internet
- Moschea
- Sinagoga
- Monumento
- Punto panoramico
- Polizia
- Ufficio postale
- Piscina
- Telefono
- Toilette
- Zoo, riserva ornitologica

www.lonelyplanet.com/italia